歴史文化ライブラリー

103

紙芝居

街角のメディア

山本武利

吉川弘文館

目次

紙芝居とkamishibai――日本独自のメディア

新語ジャパニメーションとの出会い

私は一九九六年から二年間、アメリカに滞在した。最初の頃はアメリカ三大ネットワークのテレビやCNNのニュースには、ダウとともに日経の平均株価が毎日放送されていたが、一年もたった頃には、それらのメディアは日本の株式市場に目もくれなくなった。そうして、出てくる日本のニュースといえば、銀行、メーカーなど日本の代表的企業の経営危機やGDP(国内総生産)の低落といった悪いニュースのみである。それに追い打ちをかけるように、アジアの経済危機に関するニュースの洪水。一方、アメリカの株価やGDPは上昇を続けていた。そうしたニュースに接して暗くなる私を慰めてくれるのは、日本のアニメーションの健闘であった。アメリカケーブルテレビのマンガ専門チャンネルにも、ゲームセンターにも日本製が割拠していた。レンタルビデオ店にも、そして古本屋にもかなり大きなスペースをとっていた。そしてそこにはJapanとanimationを合わせたJapanimationという複製語が使われていたのである。

アメリカのジャーナリズムは日米の経済を比較した際、情報技術とくにソフト開発の差異を指摘している。日本のNECや東芝などのパソコンはアメリカでもかなりのシェアを占めていたが、そこで使われているソフトはほとんどがマイクロソフトなどアメリカ製のものであった。模倣には長けているが、創造性に欠ける日本企業。そこに日本経済の敗因があると論じられると抗弁のしようがない。ところがアニメーションという特殊な分野とはいえ、日本のソフトがテレビ、映画やゲームに闊歩している。そこに思わず誇りを求めたくなるのは自然なこととはいえまいか。

帰国後も、ジャパニメーションは健闘しているらしい。最近の日本の新聞にも、「もののけ姫」や「ポケモン」が視聴率や観客動員数でディズニーのシェアを大きく食っているとのこと。ソフトつまりコンテンツの優劣が今後の情報・通信産業の運命を決めるともいわれている昨今、バブル崩壊の後遺症を克服できない日本経済にとって、明るいニュースではなかろうか。

欧米にないメディアー紙芝居

私がアメリカでジャパニメーションということばに強く惹きつけられたのは、アメリカが日本占領当初から紙芝居の存在に驚いて、それをカミシバイ kamishibai と呼んでいたことを連想したからである。

アメリカ政府は太平洋戦争での勝利を想定し、開戦後まもない時期から、日本占領後の基本政策を検討していた。日本の非軍国主義化・民主化が眼目で、天皇制や憲法がGHQ（連合国軍総司令部）の最重要課題であった。そしてマスコミやミニコミの統制・改革もその視野に入ってきた。アメリカは日本のメディアの種類や構造についての文献や情報を入手し、専門家に分析をさせ、またアメリカ人に日本語教育を施して、メディア統制・検閲に備えていた。さらに戦局がアメリカに有利に展開するにつれ、日系人や日本兵捕虜から、最新の情報を獲得する努力を行ったのである。

アメリカは日本をメディア先進国とみなし、アメリカ国内の戦時下でのメディア統制の大枠を、そのまま日本に適用できると考えた。そしてフィリピンでの日本軍駆逐作戦の過程で実践したG―2（参謀第二部）所属のCCD（民間検閲部）による郵便・電報電話・旅行者携行品などの検閲を、日本占領直後から開始した。そして九月三日からはCCDが管轄外であったプレス（新聞・通信・出版）、ラジオ、映像（映画・演劇・幻灯）の検閲も引き受けることになり、PPB（プレス・映画・放送課）を設置した。日本のポツダム宣言が予想より早くなったため、占領直後、この検閲やメディア指導などでは若干とまどいを見せたが、今までの情報蓄積や分析結果が予想外の事態に対応できる資産となっていた。プレス・コードやラジオ・コードなども九月中に矢継ぎ早に出した。そして、泥縄式に見えたそのメディア基本政策のコードを、占領終了まで改訂することはなかった。メディアに対応する検閲・指導体制の基本軸にも手がつけられなかったのは、戦勝を予想して戦時中から準備していた日本メディア分析のたまものだったといえよう。

ところが四五年一一月一五日、PPBのピクトリア部門に紙芝居担当係という新しい係が設置された。この新設はPPBの歴史でも異例のことであり、予想もしなかった人気メディアの存在が、かなり周到に準備していたメディア統制の枠に見直しを迫ったわけである。それは基本枠を壊すものではなかったものの、勝利後わずか三ヵ月のことだったので、ＧＨＱ側の困惑ぶりは小さくなかった。「ピクトリアル課は枝分かれして、新しい係―紙芝居係を追加した。この新設で翻訳担当者が増え、全く別の問題もおきる」（CIS-771）と担当者は記述している。

ＧＨＱは主要なメディアに対し、占領一ヵ月後に発行禁止・活動停止など重い処分を行った。また、各メディア独自の戦争責任追及にも声援を送った。また一〇月八日からは、東京の有力日刊紙に事前検閲制を敷いた。このような手早い対応は、事前の分析が的はずれでなく、準備も十分であったことを示す。逆に紙芝居へのあわてふためきようは、その知識や分析が皆無に近かったことを示唆している。

紙芝居の記述がＧＨＱ資料に最初に登場したのは、管見では、紙芝居係新設直前の四五年一一月九日である。その前日の一一月八日、ピクトリア課のソーズ大尉は佐木秋夫日本教育紙芝居連盟代表などと会い、紙芝居の業界規模の情報や規制の方法を探ろうとした。ＰＰＢ責任者への報告で、紙芝居担当は紙芝居とは何かについての説明を試みた。

紙芝居はタテ十八インチ、ヨコ二フィートの大きさのプラカードに描いたもので構成されている。紙の表側に絵が描かれ、裏側に会話や説明文が書いてある。二十枚から三十枚のプラカードで一つの劇を完成させている。旅芸人のような男は材料いっぱいつめたトランクを運び、小さな村や大きな町にスタンドをつくって一つの劇を演じている。観客の大部分は子どもで、芝居を見た後に金を払う。

こんな解説ぐらいで紙芝居がわかるアメリカ人は少なかっただろう。だがかれらが日本の都市に一歩足を運べば、すぐ紙芝居なるものにぶつかり、そのメディアの異常な人気ぶりに驚かされた。子どもにアメを売り、自転車の横に立って、ジェスチャーたっぷりに何やら説明している紙芝居屋、そして自転車の前に密集し、アメをなめつつ熱心に視聴する子どもとが醸し出すオーラは、その背後の焼け野原とともに、見物したアメリカ人に深い印象を与えたことだろう。

「日本の紙芝居の人気ぶりを見れば、検閲の対象となる」と、先の報告の作成者は紙芝居取締りの重要性を上司に懸命に訴えた。日本の民主化・非軍国主義化に熱心だった占領当初のＧＨＱ関係者は、この人気にとまどいを見せると同時に、その取締りに躍起とならざるをえなかった。なぜなら紙芝居の日本語がわからなくても、その絵が軍国主義や封建

図１　紙芝居（昭和初年の光景）

主義を賛美したものであることは一目瞭然であったからである。こうしてCCDの幹部の了解をえて、紙芝居係がPPBに新設されることとなった。

占領当初から、GHQ資料のなかで紙芝居はローマ字で表記されていた。歌舞伎や神楽《かぐら》など日本の伝統芸能もローマ字で表記されていたが、その頻出度は低い。紙芝居も他のメディアのようにペーパー・シアターとかペーパー・ショーのように英訳されることはあったが、それはごくまれであった。

紙芝居がGHQのメディア部門にとって、無視できないメディアであったことは、その関連資料が占領終了までとぎれなく頻出することから推測される。紙芝居はアメリカにもその他の国にも見あたらない日本独自のメディアであり、しかも影響力の大きなメディアであったため、日本語のローマ字表記がなされたのである。もちろん、それにあたる英語がなかったこともあった。GHQの紙芝居にたいするとまどいぶりは、占領当初の文献の多くが、まず〝紙芝居とは何か〟という説明からはじまることからもわかる。

カミシバイは〝世界語〟か

ＧＨＱはアメリカにない紙芝居の存在に驚き、占領政策、とくに検閲のために膨大な紙芝居資料を残した。当初は〝ペーパー・シアター〟ということばを使っていたが、数ヵ月をしてローマ字でカミシバイとして表現するようになり、それは占領終了時まで続いた。一九五〇年六月一日の月刊の『紙芝居』第八号で、業界幹部の青木緑園は「世界語〝カミシバイ〟」と豪語している（「もぐり問題に関する東京紙芝居審査委員会白書」）。〝世界語〟はともかくとして紙芝居というメディアは日本でしかなかったこと、そしてＧＨＱはその内容や活動を〝カミシバイ〟としてしか表現できなかったことがわかる。歌舞伎や神楽なども、検閲当局の対象であり、それらのことばもローマ字で表現されていた。世界的に評価の高い歌舞伎と同じようにローマ字で表現されるということで、紙芝居は以て瞑すべきであろうか。いや、紙芝居にも独自の芸術的、メディア的価値があったのではなかろうか。

戦前・戦時の紙芝居

ニューメディアとしての街頭紙芝居

通説の紹介

ＧＨＱは佐木《さき》秋夫や加太《かた》こうじなど業界リーダーからのヒアリングや検閲を通じて、〝紙芝居とは何か〟についての概要を少しずつ把握しはじめる。貸元による作家・画家への手描きの作品の発注、貸元―支部―紙芝居屋という業界システム、紙芝居屋＝アメ売人という構造などがおぼろげながらわかってきた。さらにはこの手描き紙芝居＝街頭紙芝居システム・構造とはまったく異質の印刷紙芝居あるいは教育紙芝居というものが存在することにも気づいた。後者の方は街頭には見かけなかったが、百貨店・書店などにかなり大量に販売されているので、その流通システムは一九四六年三月頃には掌握できた。書籍に似た大量販売を志向し、職場・学校・家庭で、主としてアマの指導者、教師、親などによって実演される印刷紙芝居は、アメリカの書籍の流通システムに近似しているので比較的理解しやすかったのである。

一口に紙芝居といっても、街頭紙芝居と教育紙芝居とはそのシステムはまったく異なっている。とくに進駐まもなく出くわした街頭紙芝居のシステムへの理解が難しく、したがってそれへの関心が当時のGHQ側ではことのほか強かった。

紙芝居のように文献が少なく、歴史が浅い割にはシステムの複雑なメディアの把握には、歴史から学ぶ姿勢が不可欠と感じたのであろう。他のメディアのような戦争責任の所在を把握するよりも、〝紙芝居とは何か〟を歴史的に学ぼうと努めた。したがってGHQ資料には、紙芝居の説明と並んで、その歴史が短いながらも、必ずといってよいほどあらわれている。

しかしながら紙芝居の起源から昭和初期までの歴史については、GHQ文献は詳しくない。写絵《うつしえ》という現在のスライドに似たものがその起源で、亀屋都楽が一八〇一年に外国の幻灯から学んだとの通説が紹介される（内山憲尚『紙芝居精義』）。また現在紙芝居の元祖ともいえる立絵《たちえ》は、三遊亭円朝の弟子の通称新さんが紙に描いて、切りとった人形を一八九七年に前座で演じたのが最初とされる。さらにからくり師の丸山善太郎が、新さんと工夫して立絵の芝居を祭りの小テント小屋で演じて子どもに喜ばれ、一九一二年ころには演芸者は五〇人ほどを数えるようになった。立絵は次第に小屋から街頭に進出してきたが、警察の道路規制や検閲、さらには駄菓子屋の反対で衰退していき、一九二七年あたりからきびしい不況となって街頭から姿を消した。

そのころ、禅僧の西村上人が〝絵話《えばなし》〟という説教の方法を工夫して、子どもたちに現在の紙芝居の形である一連の絵をつかった説教をはじめた。失業中の立絵の演芸者が書店から絵本を買い、西村と同じ方法で紙芝居を描き、アメを売りながら説明するという仕事をはじめた。こうして街頭紙芝居が誕生する。

ＧＨＱは通説以上の分析をしていない。通説は佐木・加太からのヒアリングや今井よねや内山憲尚などの著作、東京市役所の「紙芝居に関する調査」（一九三五年）などに依拠している。学説うんぬんと論議するほどの文献は、紙芝居の世界ではきわめて限られていた。限定された情報から歴史を掘り起こすことは困難であったし、ＧＨＱそのものは研究活動を目的としていなかったのである。

新聞・雑誌の普及

明治維新期に誕生した新聞・雑誌は有史以来のニューメディアであったが、その後五〇年を経た一九二〇年代には業界地図が固まってきた。経営が安定した大阪系紙の『大阪朝日新聞』『東京朝日新聞』と『大阪毎日新聞』『東京日日新聞』は全国紙へとつき進んでいた。東京紙では関東大震災で社屋の焼失をまぬかれた『報知新聞』『都新聞』が健闘していたが、他紙は衰退の道を歩んでいた。『読売新聞』は正力《しょうりき》松太郎に買収され、大衆的報道新聞として再建途上にあった。一九二三年の東京でも大阪でも、日雇労働者のなかで、リテラシー（読み書き能力）をもたない者は八％前後にすぎなかった（山本武利『近代日本の新聞読者層』法政大学出版局、一九八一年）。その後の所得の上昇で、新聞は都会の底辺労働者の家庭にも浸透しだした。

東京では『東京毎夕』という夕刊紙が、この期に本所・深川・浅草・江戸川など東京下町の労働者・職人・中小商人など、今まで新聞に接することの少なかった階層で読者を開拓していた。同紙はアメリカのイエロー・ジャーナリズムの手法で、労働で疲れた職工読者をいやす、くだけた社会面を売り物にしていた。第一次大戦期に浅草に住み、小学校低学年であった人は、「当時、家で取っていたのはたしか読売と毎夕新聞で、以前は万朝報か報知であったようだが、この頃は前記の物となっていた。毎夕は夕刊だけの新聞で薄赤い用紙に刷ってあった。読売は朝だから学校から帰ってから読む。毎夕には佐藤紅緑の小説が連載されていた。これが面白い。何となく分って面白い。毎晩々々待ち遠しくて、配達の時間になると軒先で待っていて誰よりも先に受け取って店の中に座って読む。毎晩の繰返しである。小説の内容は全く忘れたが、佐藤愛子さんの事が何かに出るとすぐ連想してこの事を思い出すのである。西三筋町の田中の叔母さんの所では都新聞しかとっていない。何やら芸者さんの噂とか芝居寄席活動写真の案内のような物が載っていて、何となくバカにしたものだ。子供心にもあまり上品な新聞とは思えなかったのだろう」（寺村紘二『子供大正世相誌』下町タイムス社、一九九〇年）と回想している。両紙とくに『東京毎夕』は総ルビだったので、この小学校低学年生はこれらを愛読できたという。

また同紙は一九二四年から宮尾しげをの「団子串助漫遊記」というマンガを連載した。これは「落語や小噺を素材にした日本的な情緒のただよわせたなかで、しゃれで難問を解決していくといったセンスにちょっとした笑いがあった」（石子順『日本漫画史』上巻、大月書店、一九七九年）という。『朝日新聞』は一九二三年から「正チャンの冒険」で人気をえた。紙芝居の誕生した一九三〇年代には、『毎夕』に代表される低価格の新聞を購読する東京下町の家庭に子どものマンガ読者が少数ながら出現していたのである。

一方、出版界では、講談社が一九一四年に『少年クラブ』、一九二三年に『少女クラブ』、そして一九二六年に『幼年クラブ』を創刊して、幼稚園生から小中学生の男女読者の獲得を図っていた。これらの雑誌は子どもむけのマンガを掲載し、またその人気マンガを単行本化した。しかしこれらの出版物は山手や地方の中産階級以上の家庭の子女に愛読され、下町の労働者・職人の子どもは、せいぜい新聞の連載マンガにたまに目をやる程度であった。

映画の誕生

明治末期から昭和初期にかけて、その後のマスメディア史上に大きな位置を占めるメディアがいくつか出現した。しかもこれらは技術的には活字メディアとは根本的に異なるニューメディアそのものであった。

当初活動写真といわれた映画は一八九六年にアメリカから輸入され、神戸で公開されたので、厳密にはこの期に誕生したメディアではない。しかし日本最初の本格的な映画製作の会社となった日活が創立されたのは、一九一二年である。話題作は輸入映画の方が多かったとはいえ、日本映画の人気は急速に高まり、一九二五年以降、邦画が洋画の本数を上まわった。一九二〇年に松竹は松竹キネマを設立し、映画製作を本格化させ、〝目玉の松ちゃん〟という愛称の尾上《おのえ》松之助や〝阪妻《ばんつま》〟といわれた阪東妻三郎など人気俳優が登場した。そして最初のトーキー映画が封切られたのは一九二九年のことである。

無声時代の映画は活動弁士（活弁）という説明者を登場させ、観客へのサービスに努めた。しかし芸術性・社会性が弱く、インテリや年長者には人気が広がらなかった。また大正初期にヒットしたフランスの犯罪映画「ジゴマ」をまねた少年犯罪の増加などが、一九一七年の「興行用フィルムを甲乙二種に分かち、甲種フィルムは十五歳未満の児童の観覧を禁ずる」といった警視庁の取締規則制定を促した（田中純一郎『日本映画発達史』Ⅰ、中央公論社、一九七五年）。

ところが、東京の下町では、大正期から一部の子どもは映画を見に行っていた。墨田区編『すみだ区民が語る昭和生活史』上巻（一九九一年）には、つぎのような回顧談が出ている。

物心がついてからの楽しみっていうのはやっぱり映画だったね。映画の全盛時代だった。浅草にもたまには親に連れてってもらったけど、向島にも映画館はいくつもあって、浅草に出なくても結構楽しめたの。いろは通りに玉の井館があって、今のガード下の肉屋のところに東宝劇場。いろは通りを突き抜けて堤通りへ出て、今は防災拠点になっちゃってるけど、あの道をくぐり抜けると、左側に向島館ていう映画館があって、そこの映画館にはよく行ったね。五銭もっていくと、二銭ぐらいでくず

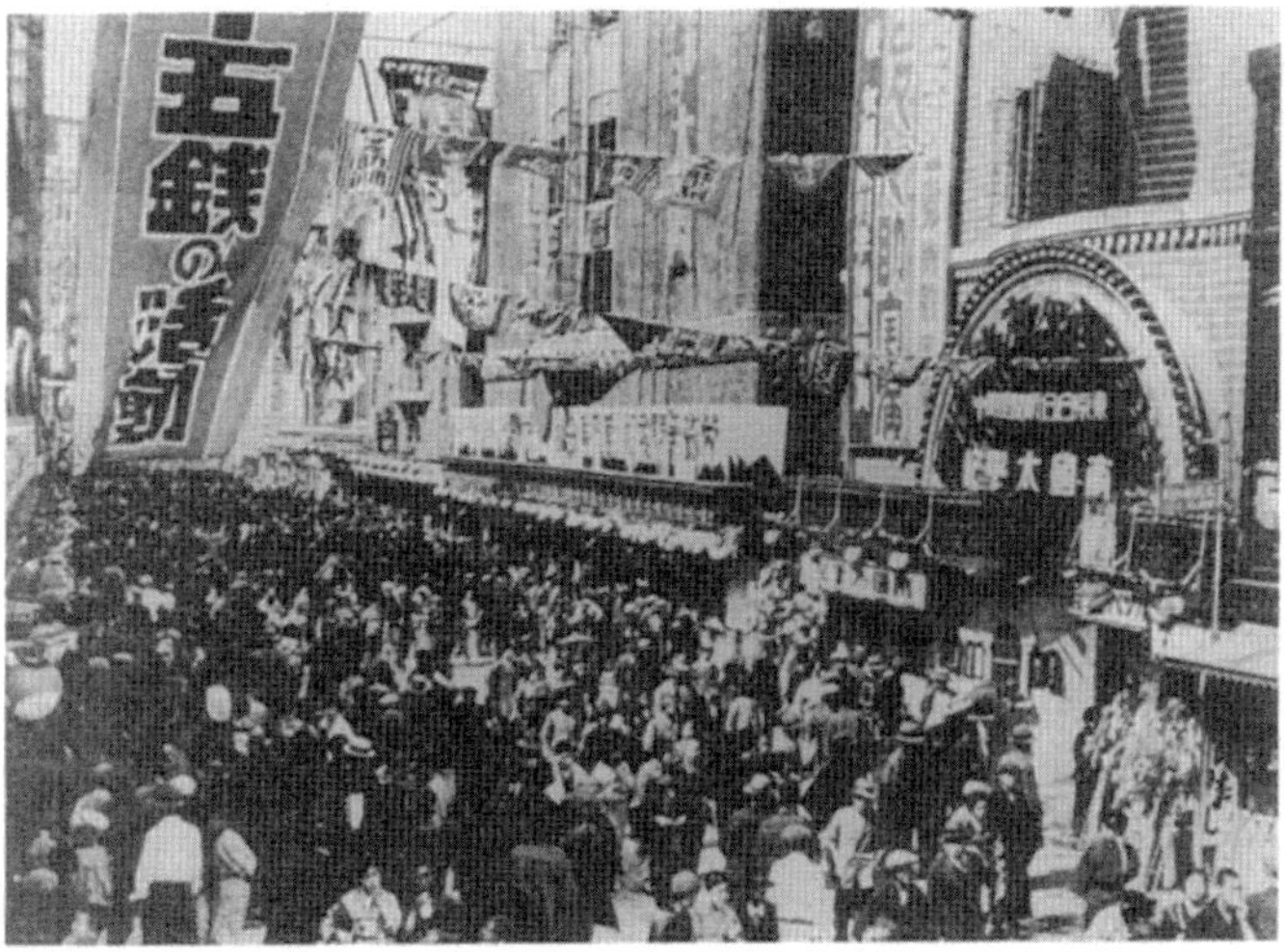

図2　昭和初期の映画街（浅草，1931年）

せんべい買ってね、入場料が三銭。（墨田五丁目川瀬俊朗六四歳）

映画も好きでした。子守りをしながら、ミルクビンを持って赤ちゃんに飲ませながら見に行きました。寺島館とか南竜館、東成館というのがあったんです。南竜館というのは、講談師の田辺南竜という人が建てた映画館だそうです。洋画もやっていて、シャーリー・テンプルという人気スターがいたり、「庭の千草」とかをやっていました。東成館は洋画専門でした。洋画のことを、当時は西洋劇と言っていました。日本の物も好きですが、どちらかというと洋画の方が好きでした。洋画は最後まで結末がわからないから面白いのですが、日本の映画は、悪い奴は終いにはやられるんだというのが分かりますからね。（東向島二丁目太田静江六四歳）

親と一緒に映画館に行く者もいたが、多くは子どもだけで映画を楽しんでいたことがわかる。警視庁の取締りはさほど強くなかったようである。

一九二二年の調査では、大阪の年間映画鑑賞人口は延べ六六五万人を数え、芝居人口や、寄席人口をそれぞれ三倍も上まわっている。休日に映画館をスシ詰めにする労働者を中心に、映画人口は着実に増加していた。一九二一年の文部省の全国都会娯楽愛好調査によると、一番好きなものは、映画三三・一％、芝居二三・一％、浪花節《なにわぶし》一六・四％となっていて、映画人口は都会に広く浸透していたことがわかる。しかし全国の農村に映画人口が増加するのは、一九三〇年代のトーキー時代からである。一九二一年の文部省の全国農村娯楽愛好調査では、第一位の角力《すもう》二四・一％、第二位芝居二一・七％などに大きく引き離されて映画は第六位の三・八％の人気しかなかった。ところが、一九三三年の農村地帯の娯楽調査では、岩手・茨城・岐阜・岡山・熊本など全国的に映画が第一位を占め、盆踊り・村芝居などを上まわる人気をえている。この映画人気は年々高まり、子どもの観客も全国的に増加したと思われる。

ラジオの誕生

一九二五年に放送を開始したラジオは、この期の正真正銘のニューメディアであった。アメリカに五年遅れと、欧米に比べわりあい早く開局したのは、関東大震災にみられた報道不足や情報混乱によるパニック状況をラジオの放送で回避しようとする政府の意向が働いたからである。そして社団法人日本放送協会（NHK）は政府の上意下達のための忠実なメディアとして活動することとなった。先にあげた大阪の近郊農村調査では、一九三四年のラジオの普及率は六％にすぎず、その二年後の一九三六年にはＮＨＫとの契約台数が全国で二〇〇万を突破したが、その伸び率は高くなかった。ラジオ受信機がかなり高価であったことが最大のネックであり、それとともに無視できないのは、番組内容が硬く、報道・教育に傾き、娯楽が少なかったことである。ラジオは映画ほどは子どもに人気がなかったが、それでも親や祖父母が聴く娯楽番組に接することもあった。

子供の頃、夜店やお祭りに、おこづかいをもらって行くのが楽しみでしたね。本も好きでしたので子守りをしながらよく読んでいました。浪花節などもラジオでよく聞きました。落語や講談は今でも好きで時々聞きます。おじいちゃんが好きで聞いていて、そばで私もそれを聞いていて好きになったんですね。今のように子供の方が思い通りにチャンネルを回せるのとは違って、親が聞いている番組をそのまま聞いているというのが、その頃はあたりまえでしたから。（前掲書、太田静江）

ＮＨＫ自身は聴取者に歌謡曲・民謡・演芸など娯楽番組への関心が高いことを知っていながら、政府の意向を体して硬い番組を流していた。

開局時、新聞界ではラジオは映画以上のライバルと受けとられた。各紙はラジオへのニュース提供を順番に受けもってはいたが、すでに自紙に出した陳腐なニュースしか与えなかった。さらにNHK自身が取材記者をもたなかったので、報道番組は生彩を欠き、聴取者の関心をひきつけなかったのである。ところが、『読売新聞』は正力松太郎のアイディアでラジオ欄を拡充させ、積極的にラジオ記事を掲載しはじめた。これは読者の好評を博し、同紙の部数増加に寄与した。そこで各紙は同紙に追随するかのように、ラジオ欄を拡充し、ラジオ界の動きも紙上に登場させるようになった。また『東京毎夕』は『ラヂオ新聞』を昭和初期に創刊するほか、ラジオ欄の充実にも力を入れた。しかしラジオ人気が本格化し、普及率が高まるのは、戦局が深刻化し、戦況報道への関心が増した一九四〇年代であった。それまでは、ラジオは所得の高い一部の上層向けのメディアでしかなかったのである。

「黄金バット」の出現

映画・ラジオが欧米で開発されたものであるのに対し、紙芝居は日本の土壌で誕生したユニークなニューメディアであった。のぞきからくり・写絵や紙人形の立絵などを源流とする紙芝居は、一九二〇年代後半に登場してから、またたくまに全国の子どもを捉える異常ともいえる人気を博した。とくに一九三〇年に制作された「黄金バット」は映画的な大胆な構図と展開で大ヒットとなったのである。「黄金バット」は鈴木一郎作、永松武雄絵で、蟻友会という貸元で制作された。怪盗バットが悪の権化ナゾーを打倒するという、勧善懲悪そして奇想天外の連続ドラマである。永松の回想によれば、「封切った日の人気はすばらしかった。蟻友会所属の売人の売上は五倍にはねあがり、他会所属の売人のしょばを席捲していった」という。永松の回想は続く。

作者鈴木氏のほんぽうな空想力は筆者の若い日のイメージを刺激し、作画とともにいさゝか当時の作品としては精さいを放ち得たのであろうか。人気の波は日に日に高まり黄金バットにあらざる紙芝居は紙芝居にあらずの感をさえ与えたと聞いている。これは昭和六年に始って、七年、八年と三年間に渡って毎日、街頭に封切られた。

制作翌年の一九三一年初夏、鈴木・永松のコンビは蟻友会を脱退し、話の日本社を設立し、「黄金バット」も同社で制作するようになった。これとともに画面のサイズがハガキ大から中版（B５判に近いもの）に大型化され、子どもの興味を一層そそるようになる。「黄金バット」は一九三一～三三年、続編が毎日のように街頭で封切られた。

図3　「黄金バット」（永松武雄絵，1931年，マツダ映画社蔵）
悪漢ナゾーと正義の味方・黄金バットとの対決を描いたこの活劇は，男の子たちのあいだで大変な人気を博した．そして，戦後も加太こうじの作画で復活し，のちにはテレビアニメにもなった．

表1　昭和初期の紙芝居屋の前職

職　種	人　数
商　業	158
工　業	134
接客業	36
会社員	30
農　業	27
官公吏	26
無　職	26
職　工	25
店　員	20
映画説明者	10
不　明	20
その他	53
計	565

「黄金バット」は活劇といわれるジャンルに属し、男子に人気があった。「黄金バット」の人気に翳《かげ》りが見えてきた一九三三年には、そうじ映画社の山川惣治の「少年タイガー」が街頭紙芝居人気を引きついだ。一方、女子は紅涙をしぼる新派悲劇の作品を好んだ。また漫画作品は男女を問わずあらゆる年齢の子どもに歓迎された。

紙芝居屋のおじさん

東京市役所の一九三五年の調査によると、紙芝居屋の前職は表1のようになる（『紙芝居精義』）。

誕生期の紙芝居屋は、多様な職種の失業者のるつぼであったことがわかる。トーキーによって職を追われた映画説明者は、この時期になると少なくなっていた。商業のなかに入る露天商人や立絵の業者も減っていた。しかし戦後の紙芝居屋に比べると、弁説・口説で子どもの心をつかむ話術に秀でる〝プロ〟が多かった。かれらは人気作品の続き物を説明しているうちに、子どもと心理的に一体化し、〝紙芝居のおじさん〟といわれるようになったのである。

私が小学校へ入る頃、無声映画に代わって音入りの映画が登場し、映画の看板には題名に添えて〝オールトーキー〟と書いてあった。トーキー時代が来ると無声映画の弁士、いわゆる活弁は失職・転職を余儀なくされたが、このころの紙芝居のおじさんには弁士から転職した〝優秀〟な人もいた。私の住んでいた裏町には日に何人かの紙芝居が来たが、その中の三人は何年間も変わらずに我々の人気者だった。彼らは生活のために働いていているといった素振りはまったくなく、子供たちを前に〝演技〟を楽しんでいる風情だったが、その中の一人はとくに人気があって、いつも子供を抱いたおかみさんが二、三人は見ていた。「黄金バット」「少年タイガー」などがロングラン（？）で、少年たちの人気を独占していた。最近のテレビで「黄金バット」を見たが、その高笑いは四〇年前の紙芝居のおじさんの黄金バットの笑い方とそっくりだった。おじさんの解説と演技のほかは、鉦と太鼓が合いの手に入るだけだった。そのうち、人気者のおじさんは自転車に蓄音機を積んできて、クライマックスになると活劇にはマーチ、メロドラマにはセレナードを聞かせた。我々は一幕に一〇枚ほどの静止した画を見せられただけなのに、若干の〝音〟とおじさんの熱演で、結構満足したものだった。車の心配もなく、おじさんの声をさえぎる騒音もない裏通りに、仲間と鈴なりになって眺めた画面は、テレビの変身ものよりも躍動していたように思えてならない（森川直司『昭和下町人情風景』広済堂出版、一九九一年）。

紙芝居はみんな続きもんがあるから行きましたよ。よく一銭持っちゃ、あめ買ってね。〝孫悟空〟もあったし、継母にいじめられるとかさ。〝一寸法師〟もう楽しみでね。三時ごろ、学校から帰る時分になると、紙芝居が来るんですよ。そうすると子どもが集まってくる。（江東区編『古老が語る江東区の町並みと人々の暮らし』〔上巻、一九八七年〕収録の広井ときの談話）

一九三六年夏、東京の子ども、男一〇七〇人・女五〇〇人を対象にした調査によれば、一日に紙芝居を見る回数は平均男一・六回、女一・五回となり、一日二回見ると答えた者は男三三三人・女三四人、三回見ると答えた者は男一三八人・女五三人に上っている。そのほかには一日六回も見る者が男五人・女一人いる。またかれらに初めて紙芝居を見た年齢をたずねると、四歳が男七六人・女一二人、五歳が男一七四人・女六一人、六歳が男二一三人・女七九人、七歳が男二二八人・女一〇四人、八歳が男一七七人・女八九人となっており、七歳が一番多い。さらにかれらに紙芝居と映画のどちらを好むかと聞いたところ、男では映画を好む者が圧倒的に多いのに対し、女では両者にあまり差が見られない（『紙芝居精義』）。しかし映画好きの子どもも、紙芝居そのものに魅力ある作品が多かったので、一日に何回も紙芝居のおじさんを追いかけていた。親の財布のヒモが緩んでくると、映画に走る子どもも増加したが、紙芝居自体の観客が減ることはなかった。

最盛期には東京だけで、二〇〇〇〜三〇〇〇人の紙芝居屋がいて、一日に一〇〇万人を超える子どもを集めていたといわれる。紙芝居屋が一回で数十人の子どもに口頭で説明するこの紙芝居は、ミニコミといってもよいメディアであったが、その集める人口を総計すると巨大になったため、マスメディアとしての要件を備えることになった。とくにマスメディアへの接触を低年齢化させた点で、紙芝居の寄与は大きく、就学前の児童が最初に接するマスメディアはこの紙芝居であった。

紙芝居にはまった少年開高健

紙芝居人気は東京だけではなかった。テレビの影響で紙芝居の衰退がだれの目にも明らかとなった一九六四年、作家開高健は、紙芝居に熱中した少年時代を回想している（「われらは〝ロマンの残党〟」『週刊朝日』一九六四年五月一日号）。

　二十五年ほど昔の大阪の町角を思いださずにはいられない。私の頃は朝鮮アメや酢《す》コンブやスルメなどであった。そしてやっぱり、「アタリ」とか「スカ」などと書いたアテモノがあって、一喜一憂させられた。どんな紙芝居であったか、主人公たちをいまではほとんど忘れてしまった。けれど、この原稿を書いているうちに、いくつか思いだした。〝黄金バット〟があったし、〝少年タイガー〟があったし、これはマンガだけれど〝ボンチ〟というのもいたように思う。鼻たれの、眼の速い、いやらしいガキ大将がいてこっそりただ見しようとすると、あ、おっさん、あの子、ただ見やと指さすので、つらい思いをしたものだった。私の父親は小学校の先生で修身教科書に手足はやしたみたいな人物であったから紙芝居がおもしろいなどというとチリチリ怒る。母親も合唱して、チリチリ怒る。拍子《ひょうし》木《ぎ》の音につられてこっそり家をぬけだすのにひとかたならず苦労した。

紙芝居を見ると私はポーッとなり、霊感むくむくわきたち、いてもたってもいられなくなって家へとんで帰った。そして画用紙にクレヨンでいろいろな絵をかき、物語をつくって、妹に話して聞かせた。どんな絵や物語をつくったものか、これまたすっかり忘れてしまった。きっと南海の孤島だとかキング・コングだとか、少年ターザンだとか、あ、近藤勇危うし、コケ猿の壺、正義の味方・黄金バット、肉弾三勇士、タコの八ちゃん、タンク・タンクロー……などだったのだろう。

妹二人をガラス障子の向うにすわらせておいて私はつぎからつぎへと絵をとりかえ、〝さておつぎはどうなることでありましょうか、また明日のお楽しみ〟くりかえしくりかえし口上を述べることに夢中であった。

観客開高は紙芝居のキャラクターと同一化し、物語と現実世界が区別できなくなるほどの興奮を覚えた。そしてその興奮は「霊感」を催し、家に帰って絵や言葉に表現するほど強いものであったのである。

きびしい子どもの反応

子どもが紙芝居に夢中になるからといって、作品や演出に手抜きをやると、しっぺ返しを受けた。幼稚園や小学校低学年だからといって、観客を見くびるわけにはいかなかった。「紙芝居屋さんの座談会」（雑誌『現代』一九三六年四月号）で、同一の紙芝居をくり返し使うかとの質問が出ている。

下田　とんでもないことで……東京では決して同じものを二度は演《や》れません。三年経つても四年経つても駄目、とてもよく覚えて居ります。前によく受けた狂言があつて、これを又持つて行くと、をぢさんそれ三年前に演つたよ……

三輪　子供と云ふものは実に偉い。この間も建国祭の日私共が行列を作つて千人も通つてゐるのを、それを子供は大抵顔を知つてゐる。何処かで少年団の行列と並んだ、すると黄金バットのをぢさん、何んのをぢさんと能く知つてゐて呼びかける。紙芝居の外題なんです……

山川　私は少年タイガーといふのを原作して自分で絵を書いて居りますが、これが受けて五百八十巻、連続物で何年間に亘つて居ります。この位続いて居りますと二三年前に受けたところの筋を持つて来て蒸返して書いてみるともう駄目です。子供は覚えて居ります。だから五百八十巻のものを始終筋を変へて作らねばならぬ。原作者はとても苦労しますよ。

（下田、三輪は紙芝居屋、山川は画家山川惣治である）

子どもはなけなしの金をはたいて見た紙芝居の内容やタイトルをよく記憶していたことがわかる。そして紙芝居屋の下手な演技には、「おじさんはさっきのおじさんより下手糞だ。おじさんは新米かい」と手きびしい批判が出たという。

図4　紙芝居に見入る子どもたち
写真自体は戦後のものであるが，紙芝居を見る子どもたちの目は戦前も変わらなかったにちがいない．

町には、紙芝居のおじさんが毎日三人くらい来た。（中略）子供が大勢集まってコブやアメが沢山売れるとおじさんも気を入れて熱演して行くが、集まりが悪く売れない時は気を抜いてしまうのが、子供心にも分かった。太鼓のおじさんなど、極端に子供が少ない時などは一言言っては一枚めくり、一言言っては一枚めくりで、バタバタとあっと言う間に演じて行ってしまった。たまには、同じ時間に重なって来てしまって、紙芝居のおじさん同士が小競り合いを始めることもあった。（青木正美『東京下町覚え書き　昭和の子ども遊びと暮らし』本邦書籍株式会社、一九九〇年）

大人の手抜きにも抜かりない目が注がれていたことがわかる。その日の演技の良否が翌日の動員数を左右したといってもよいだろう。

製菓資本の進出

一九三六年の紙芝居の文献では、「一口に紙芝居とは云うが、実は飴を売るのが本職なので、紙芝居をするのは客寄せ」（直原豊四郎『紙芝居運動の提唱』日本画劇教化聯盟、一九三七年）とある。紙芝居屋は業界では「バイニン」とか売子と呼ばれていた。全国で一日数百万人の子どもが観客となると同時に、アメ、菓子の消費者となるメディアに、大手の製菓会社が注目するのは当然であろう。そこで消費される菓子は、紙芝居専門のアメ製造を請け負う弱小企業の安価・低品質の製品であったため、大手製菓資本自体は直接的な消費市場とは見なしていなかった。しかし紙芝居の画面に企業名が記載されたり、それが紙芝居屋を通じて肉声で子どもに伝達されれば、絶好の商品宣伝の場となった。子どもたちが、家に帰ってから、駄菓子屋でその企業の商品を買う宣伝メディアとなるからである。

大日本画劇株式会社は、一九三七年に設立された資本金三〇万円（払込資本金二〇万円）の業界最初の株式会社である。軍需産業でいわゆる〝成金〟となった浜野一郎を資金源に、街頭紙芝居の全国支配をねらって設立された。同社は、池田守雄の話の日本社、田辺正雄の新一新興画劇社、山川惣治のそうじ映画社、大塚辰次郎の愛国社など東京の街頭紙芝居の有力貸元の大半の一六社を、最高一万二〇〇〇円、最低三〇〇円で買収し、株主や幹部に登用した。

また大日本画劇の設立目論見書によれば、「東京市のみにて二千人の業者が一日百万人の児童及大衆に接触する宣伝的効果は絶大なるものあるを以て、会社、商店等の依頼に応じ、東京市其他主要都市及全国的に之れを引受く。尚官公署及公共団体に対しては協力す」とある。これは紙芝居を使って、企業の商業宣伝を行い、さらに政府の政治宣伝の扱いもねらっている文章である。つまり同社は、最初から印刷紙芝居業界への進出を想定し

一部訂正				否認	取下	計
残忍に過ぐるもの	猟奇に過ぐるもの	童心を蝕むもの	その他教育上悪影響を及ぼすもの			
4			4		53	11,862
2			1			1,233
			1			1,055
			3			865
						1,127
1						1,068
25			164		144	1,383
	5					58
32	5		173		197	18,507

字の異同があるが，原文通りに引用．

ていたと推測される。また帝国インキとの提携に見られるように、このころから国策に依拠した翼賛物の印刷紙芝居に進出したらしい。さらにＧＨＱ資料で興味深いのは、明治製菓が設立当初、同社に多額の出資をしていることである。明治製菓の出資は紙芝居屋を通じたアメの売り上げ拡大をねらったものか、宣伝費の一部として考えたものかわからない。同社には白木屋、グリコも資本参加したとの説もある。永松によれば、「資金の大半は明治製菓の出資で、あと白木屋、グリコ等の資本が入っていた。明治製菓としては、紙芝居屋への投資は宣伝費のつ

表2　紙芝居絵画および説明書一覧（1938年5月）

種別／貸元名	活劇	新派（悲劇）	漫画	その他	支障なし
大日本画劇株式会社	3,151	3,146	3,587	1,978	11,801
平和会	481	410	240	102	1,230
神国会	416	351	288		1,054
東京絵話協会	78	289	276	222	862
日の丸童話スタヂオ	335	246	366	180	1,127
東宝社	344	183	261	280	1,067
正チャン教育絵話協会	463	512	293	115	1,189
森永製菓会社		35	12	11	58
計	5,268	5,172	5,323	2,888	18,441

注　村田享『教育紙芝居』（中行館書房，1938年）による．合計額に若干の数

もりだったかも知れないが、業界ではとにもかくにも、会社と名乗るものが出来た事も一大画期的事件であった」（『紙芝居』一九四八年五月号）。

明治製菓のライバルであった森永製菓が大日本画劇と松竹とタイアップして、「広告紙芝居」の製作を企画したが、世論の反対で中止になったらしい（『紙芝居』一九四八年一〇月号）。また一九三八年五月の警視庁の検閲統計では、大日本画劇や平和会・神国会などと並んで、森永製菓の名が出ている（表2）。その制作本数は少なかったが、大手資本の紙芝居貸元への直接的な進出として注目され

る。

警視庁の取締り

一九四二年一二月二日、街頭紙芝居業者が政友会代議士安藤正純《まさずみ》を会長に仕立てた日本画劇協会を設立した。その協会会則第四条には、「本会ハ紙芝居業者ノ素質ヲ改善向上シ、児童教育及社会教化運動ノ補助機関タラシムルト共ニ、斯業《しぎょう》ノ社会的地位ノ確立ト本協会ノ公認トシ、更ニ営業上諸般ノ改善ヲ計リ、会員相互ノ福利ヲ増進スルコトヲ目的トス」とある。素姓のわからぬ紙芝居屋が下劣な弁説で、子どもに残忍かつ猟奇的な紙芝居を演じ、子どもに悪影響を与えているという批判に対応した業界団体の自主的な結成であったことがわかる。業者のこの動きは、警察の取締りの動きを警戒したものであった。しかしこの頃までは、警視庁では、「別に問題にはしてゐません。一種の失業政治として黙認してゐるんですよ」との意向であった（『紙芝居屋の教育的研究』玄林社、一九三七年）。

ところが一九三八年二月二三日、警視庁保安部長は各警察署長に対し、次の通達を出した（前掲『紙芝居精義』）。

1、三月一日以降絵画及説明書ヲ警視庁ニ提出シ検閲ヲ受クルコト

2、絵画及説明書ノ作成ニ付テハ成ル可ク教育関係者ト連絡ヲ採ルコト
3、左ニ掲グルガ如キモノハ作成セザルコト
イ、残忍ニ過グルモノ
ロ、猥奇ニ過グルモノ
ハ、徒ニ童心ヲ蝕ムモノ
ニ、其他風俗上、教育上児童ニ悪影響ヲ及ボスモノ
4、紙芝居ノ説明書ノ様式ハ（半紙版十行罫紙ニ）一定スルコト
5、紙芝居業者ノ本籍、住所、氏名、年齢、学歴及経歴ヲ記載シタル紙芝居業者名簿ヲ作成整理スルコト、紙芝居業者名簿ハ正副二部ヲ所轄警察署ニ提出スルコト転出入アリタルトキモ亦同ジ
6、業者ノ講習会、研究会ヲ時々開催シ、会報ヲ発行スル等其ノ素質ノ向上ニ努ムルコト
7、業者ノ服装ヲ整正シ一定ノ徽章ヲ佩用スルコト
8、飴其ノ他販売スル飲食物ハ包装スル等常ニ衛生上ノ注意ヲ怠ラザルコト

9、業者ヲシテ左ノ事項ヲ遵守セシムル様注意スルコト
イ、従業中ハ必ズ説明書ヲ携帯シ之ニ相違セル説明ヲ為サザルコト
ロ、物品購買ヲ強要シ、又ハ射幸ノ方法ヲ提供セザルコト
ハ、公安、風俗ヲ害スルガ如キ言辞所作ヲ為サザルコト
ニ、交通取締規則、飲食物営業取締規則其ノ他関係法規ヲ遵守スルコト
ホ、日没後ハ営業ヲ為サザルコト

街頭紙芝居の悪影響への批判の世論が警視庁の重い腰を動かしたといえる。とくに一九三六年の浦田重雄の「猫娘」が「猟奇」「残忍」との紙芝居批判の世論を巻き起こした。親が猫を殺して三味線の皮にする猫取りを職業としたため、耳を逆立ててねずみを生きたまま食べる娘ミーコが生まれたという話で、「和服のすそを乱し、ちょっと、ふとももを見せて思春期の少女ミーコが四つんばいになって走りまわる画面からは、時代錯誤的なエロ・グロが感じられた。この『猫娘』は異色だったので人気を得たが、たちまち『トカゲ娘』『蛇娘』とまねをする製作所ができて、一時期は紙芝居エロ・グロの流行になった。それが教育者を中心とする紙芝居批判の好材料になった」と加太こうじは述べている（加

太こうじ『紙芝居昭和史』)。

表2はこの通達が出された直後の調査結果である。一部訂正を求められたものは「残忍」が一番多く、「猟奇」によるものは少ない。なぜか森永製菓の作品のみが「猟奇」に該当している。正チャン教育絵話協会が全体にわたり違反の対象になっている。罰則そのものは軽いものであった。

ともかくこの通達が紙芝居に大きな影響を与えたのは、検閲のために正副二部の説明書を出させ、その説明書の様式もきちんと指定されている点にあった。

加太のいうように、詳しい台本の出現がモンタージュ、クローズアップなど紙芝居のドラマトゥルギーを革新させた。数少ない画面に対し、台本に基づく説明があることによって、複雑な筋の展開が可能になった。それと同時に従来簡単な筋書きしか書かなかった台本作家の地位を高めた。さらに学校教育を受けたことのない低リテラシーの紙芝居屋を街頭から遠ざける方向を道づけた。しかし業界への権力統制に道を開き、自由奔放な業界活動を萎縮させ、画期的な作品の生産を阻害した。そしてファシズムによる業界統制の序曲となったのである。

印刷紙芝居の誕生と戦争プロパガンダ

福音紙芝居の発想

立絵から平絵《ひらえ》への進化に劣らず画期的であったのは、平絵から印刷（教育）紙芝居の出現であった。この紙芝居の歴史でのグーテンベルク的発展を担ったのは、今井よねである。今井は東京女子高等師範学校（現在のお茶の水女子大学）文科を出て、一九二八年から四年間、カリフォルニア大学で神学を専攻し、一九三二年に帰国した。そして独力で本所区林町に伝道、日曜学校の仕事を始めた。そこには四、五十人の子どもが毎日集っていた（今井よね『紙芝居の実際』）。

所がある日曜のことでした。いつも来る子供達がまるで来ないで僅か五六人きり来てゐないのです。而《しか》もその子供達も「先生、紙芝居が来てゐるんです。あれが見たいんです。行つても善いですか」といふ訳で腰を浮かせてゐます。「済んだら此処《ここ》に来ますからやつて下さい」といつた始末で全体を紙芝居にとられました。

そこで今井は紙芝居を子どもと見ながら、聖書物語にある面白い材料を使った紙芝居をつくる決心をした。

当初は肉筆の福音紙芝居を毎週日曜学校で行っていると、子どもたちの出席がよくなり、旧約物語を以前よりはるかによく記憶していることに彼女は気づく。彼女は教会近くの街頭でも、この実演活動を行った。しかし奉仕的な画家の協力をえても、貧しい独立の教会だけで作品を生産し、維持するのは容易ではなかった。当初協力的でなかった教会関係者の理解が徐々に高まり、協同して制作・利用する紙芝居伝道団が一九三三年八月にできた。こうして石版で大量生産されるマス・メディアとしての印刷紙芝居が誕生したのである。一九三五年一月に「クリスマス物語」「イエス伝」が今井よね編、平沢定次画で、東京キリスト教青年会絵品部門の紙芝居刊行会から最初の印刷福音紙芝居として刊行された。

キリスト教団の印刷紙芝居の利用に刺激されて、仏教界での布教活動での利用も活発となった。高橋五山が一九三五年に設立した幼稚園紙芝居の版元（全甲社）から、内山憲尚によって一九三六年三月、オフセット四色、一六場面の「花まつり」が出された。さらに、大谷派本願寺からは同年秋に「親鸞上人伝」、一九三七年春、曹洞宗から宗祖伝などが出版された。一方、幼稚園児の街頭紙芝居への接触の弊害を除去すべく、全甲社は「赤ずきん」「花咲爺」などの作品を出版し、これは幼稚園紙芝居といわれた。

「街頭」と「教育」のいがみ合い

しかし印刷紙芝居を教育紙芝居として教育界に浸透させた最大の功労者は、一九三八年に日本教育紙芝居協会を結成した松永健哉である。かれは東京大学のセツルメント運動に加わって校外教育活動を行っているなかで、紙芝居の効用に気づき、東京で小学校教員をしながらガリ版刷りの紙芝居を全国の希望者に配布する運動をはじめた。この運動には全国からかなりの反響があったこと、帝国青少年団協会の支援を受けたことに自信を得、大島正徳《まさのり》を会長にした先の協会を作った。加太こうじによれば、明治製菓を後援者にした「チョコレートと兵隊」の制作が、この協会（加太は協会を教育紙芝居研究会と呼ぶ）結成のきっかけだとしている。その真偽はともあれ、加太の「教育紙芝居研究会は街頭で飴菓子を売って見せる紙芝居を低俗と非難しつづけながら国策紙芝居を作って印刷し、教育紙芝居と称して各種の団体や官庁に売り込んだ。私たち街頭紙芝居のうちの批判者は、あれは軍国主義教育の一端をになうのだから教育紙芝居と名乗るのはおこがましい。真の教育はわれわれの作る子どもがよろこぶ紙芝居の側にある。あれは国策宣伝の印刷紙芝居だと評した」（『紙芝居昭和史』）という論理は正確である。もちろん加太も前年結成に参加した街頭紙芝居の大日本画劇は印刷紙芝居の制作にも参入し、さらに国策紙芝居を作った。

しかし教育紙芝居の街頭紙芝居批判は手厳しかった。そこでは街頭紙芝居の極端な低俗さ、刺激的なあくどい色彩や病的に誇張した姿や形、荒唐無稽な化物や怪物の横行、児童の原始的な感情におもねった非教育性、殺人、恋愛、継子いじめなどの残忍な行為、さらには紙芝居屋の野卑な説明、「それらのものが全一体となつて児童に対して強烈な感化」（大阪教育紙芝居連盟『常会と翼賛紙芝居』一九四一年）となったとその非教育性を批判された。ところがその教育紙芝居も、自らの制作のノウハウを街頭紙芝居から学んだことは否めない。また街頭紙芝居が築いた紙芝居人気が子どもの世界になかったら、教育界に、さらにはファシズム界に印刷紙芝居が浸透することはなかったであろう。

表3　印刷紙芝居の版元別統計

（1943年）

版　元　名	部　数	点数
日本教育画劇	239,600	160
大日本画劇	163,000	46
全甲社	11,200	13
日本画劇文化協会	30,000	13
画劇報国社	42,800	?
紙芝居刊行会	16,400	6
東亜国賛画劇	200	1
翼賛紙芝居研究会	202,600	12
宣伝科学研究会	10,000	7
国民文化紙協会	25,600	9
帝国画劇	17,000	?
第一画劇	12,600	10
翼賛文化画劇協会	31,400	7
永田文祥堂	12,000	1
曹洞宗教育事業	8,000	2
天台宗	1,400	7
天理教	7,800	11
本願寺派児童協会	5,000	4
計	836,600	309

注　CIS-770による．

松永らのつくった日本教育紙芝居協会は、一九三八年に日本教育画劇株式会社を傘下にもって、各種の印刷紙芝居を戦時下に積極的に発行した。表3は一九四三年の印刷紙芝居の版元別統計である。この日本教育画劇が部数・点数において、最大の版元であることがわかる。日本教育紙芝居協会発行の雑誌『紙芝居』には、毎号、同社発行の作品目録の広告が出ている。それを見れば「常会の手引」「隣組」のように、常会そのものの運営の仕方を教示する作品がある一方、「家庭防空壕」「関東大震災」のように空襲・防空・防災の情報を提供したもの、「スパイ御用心」のような国策ものなど硬派から、「虎造くづし」「まちぼうけ」などの名作もの・娯楽ものも出版されていることがわかる。

軍需工場・軍隊への紙芝居屋の流出、アメなどの食品の不足といったことから、日中戦争の拡大とともに街頭紙芝居の担い手は減少していった。

常会での利用

これに反比例して印刷紙芝居への需要は、松永らが手をつけた軍・政府関係、とくに学校・職場・隣組へと広がっていった。このうち町内会・部落会の下に作られた隣組は、戦時下の国民組織の末端にあるファシズムの組織である。この隣組の定例の会合すなわち常会で、一九三八年あたりから紙芝居が活用されるようになった。

『紙芝居』一九四二年二月号には、「どんな紙芝居が欲しいか—隣組に訊く」という座談会が開かれている。その冒頭東京で文房具商をしている横山和一という組長が次のように述べている。

横山　私が組長になりまして常会を開きました最初は、出席者が組員の半数に満たなかつたのです。これではいけないと思ひ、何か方法はないか知ら……と考へついたのが、小型映画九ミリ半の映写機を使つて映すニュース映画と紙芝居、この二つであります。早速或る人の紹介で紙芝居協会へ行きまして、五つばかりの作品と舞台を買つて帰つて来ました。どうも経験のないことで、大勢の前でやれるかどうかあやふやなので、最初自分の子供の前でやつて見ました。所が聊《いささ》か反響があつたやうに思つたものですから、講習も受けなければ何もしないのですが、大胆不敵と言ひますか、いきなり十八人の隣組の前でやつて見たのです。一番最初にやつたのが「常会の手引き」と何かあと二種類だつたと思ひます。大変反響がありまして、一番おしまひに幼児物をやつた所が子供さんが非常に喜ばれまして、その次の常会からは大人よりも寧ろ子供が、今日は常会日だからお母ちやん行かうよ、お父ちやん行かうよ、と言つて両親のどちらかを連れて、催促して来るやうになつたので、出席率は申すに及ばず時間励行上にも非常に効果がありました。何ですか紙芝居の的を外れたやうなお話ですが紙芝居そのものよりも、さういつた風の効果が実際において非常にございました。現在もなほ引続いてやつて居ますが、幾ら続けてやつても、私の隣組の人達は、来月の紙芝居はどんなのだらう。何かあると、あれがきつと今度の紙芝居になつて出て来るだらう、といろいろ期待を持たれてゐる訳で、私が紙芝居を用ひましたことは八分までは成功したものと思つて居ります。

当時の文献も、「紙芝居の流行は近時下火になった様であるが、常会用として新しい広い利用面」（鈴木嘉一『隣組と常会』誠文堂新光社、一九四〇年）が開拓され、子どもばかりか大人にも接触されるようになったと証言している。

一九四〇年頃になると、ピーク時に東京で三〇〇〇人、全国で一万二〇〇〇人もいた紙芝居屋は東京で九〇〇人、全国で七、八千人に減少した。

大東亜工作紙芝居

日本教育紙芝居協会の松永健哉は一九三八年末から陸軍省報道部員となり、華南への日本軍の侵略に参加した。かれは敵前上陸前の軍用船において、紙芝居を無聊に苦しむ将兵の前で一興として演じたところ、全員に感動を与えた。そこで日本軍は占領地中国人の宣撫工作への紙芝居利用を思いつき、松永に担当させる。街頭で八〇〇人ほども民衆は物珍しげに集ったのはよいが、開閉式の舞台を開けると、武器の一種ではないかと、パッと散って逃げ足になった。しかし非常に興味をもった様子だったので、中国人の画家・脚本家・実演者を雇って、中国独自の内容を盛り込んだ作品を制作した。リテラシーの低い民衆を相手に日本軍のプロパガンダを浸透させるには格好のメディアであることがわかったという（松永健哉『教育紙芝居講座』元宇館、一九四〇年）。

この華南での紙芝居による宣撫工作の成功を目のあたりにした日本軍幹部は、松永を満州（中国東北部）・華北・蒙古方面に派遣し、植民地・占領地での工作にあたらせる。生活綴方運動の国分一太郎も、広東で南支派遣軍報道部員として紙芝居の脚本を書いた（津田道夫『国分一太郎』三一書房、一九八六年）。太平洋戦争による日本軍支配地の拡大とともに、ほとんどの占領地で、かれらが開発したノウハウに基づく紙芝居工作が実行された。ビルマのラングーンで日本の特務機関が現地インド人の宣撫に紙芝居を実演したこともある（山本武利『特務機関の謀略』吉川弘文館、一九九八年）。

こうして日本軍の進出する地域には、現地民を対象にした現地語での紙芝居が制作され、実演されるようになった。こうして大陸工作紙芝居と業界で呼ばれていたものが、大東亜共栄圏の建設を目標に、「日本民族と占領地諸民族との親善協力、宣撫活動に使用するもの」として、大東亜工作紙芝居といわれるようになった（平林浩『体験が語る紙芝居の実際』昭林堂書店、一九四三年）。

当時、シンガポール（昭南市）を訪問したある紙芝居関係者は、次のようにリポートしている。

或るとき昭南市の街上で、日本人が紙芝居を興行してゐるのを見たことがある。文化工作の一つの試みとして街頭進出してゐたわけである。彼は拍子木のかはりに銅鑼《どら》をたたいてゐた。説明の弁士はマライ人である。絵は漫画風のもので三原色の泥絵具を用ひてゐた。日本兵の歩いてゐる絵もあつた。チャーチルの肖像もあつた。印度兵の武装解除されてゐる絵もあつた。しかし物語の筋書きは、どんな工合ひのものか私にはわからなかつた。マライ語で説明してゐたからである。現地の子供や印度人やマライ人の大人も見物に集つてゐたが、彼等が感銘させられてゐたかどうかも私にはわからなかつた。（寺崎浩「マライと紙芝居」『紙芝居』一九四三年一〇月号）

二大紙のニュース紙芝居

大日本画劇や日本教育紙芝居協会の誕生など印刷紙芝居を中心とした業界の発展が、製薬・印刷・百貨店業界までもが座視できぬほどとなったことは先述した通りであるが、そこへ新聞業界の大手も参入することとなった。大日本画劇が画家のストライキなどで苦境に陥った一九四〇年に、毎日新聞社が三万円を出資した。この出資に対抗するかのように、朝日新聞社の日本教育画劇株式会社への資本進出もなされた（CIS-770）。後者は毎日との販売競争のための宣伝武器として紙芝居に着目した。紙芝居は朝日の期待以上に成長し、日本教育画劇の資本金は一〇万円から一八万円へと増資された。政府は同社を戦時中使ったため、繁栄したが、空襲と紙不足が同社を経営危機に陥らせた。終戦まぎわには、同社の朝日への負債は三〇万円にも上った。

戦局ニュース、時事問題、国際ニュースなどはニュース紙芝居というジャンルとして、戦時下の紙芝居のなかで特異な地位を占めた。しかしいったん紙上にでたニュースをたとえ重要なニュースとはいえ紙芝居化すると、時間がかかって陳腐化してしまう。また写真にはクローズアップやモンタージュなど紙芝居の手法が使いにくいため、紙芝居の観客は内容を見たり、読みとったりすることが難しかった。したがって大資本の進出にもかかわらず、ニュース紙芝居の人気は高まらなかった。

一九四六年二月、朝日新聞社は事業中止を宣告したため、賃金不払いの労働者が組合を結成し、相応な退職金を求めた。しかたなく、同社はそのために一〇万円を支払うことになった、とGHQは証言している（CIS-770）。なお、紙芝居業界とのかかわりあいについては、朝日新聞社も毎日新聞社も社史などでは一切ふれていない。

少国民文化協会と紙芝居

一九四二年二月、子どもの文化活動に関する活動を一元的に統一・管理することをねらい、日本少国民文化協会が設立される。紙芝居はむろんのこと映画・幻灯・音楽レコードなど子どもむけのメディアを事前指導・審査したり、優秀作品に賞を与えるなどの作業を行った（国立公文書館、少国民文化協会関係資料）。紙芝居部門では、街頭・印刷紙芝居が統合的に管理されることになった。同協会紙芝居部会は第一群を街頭紙芝居、第二群を教育紙芝居とわけながらも、両部の連絡・協力体制を緊密にしようとした（平林浩『体験が語る紙芝居の実際』）。戦局が悪化し、物資が不足するにつれ、プロパガンダのメディアとしての紙芝居の安価性・効率性の評価が高まる一方となったが、協会として特段の成果を出す前に敗戦となってしまった。

大量部数の印刷紙芝居

表3で点数も部数も多いのは、翼賛紙芝居研究会・画劇報国社・翼賛文化画劇協会といったその社名から容易にその活動内容のわかる版元である。いうまでもなくこれら版元は政府や軍の要請を受けて設立された軍国物、

戦意高揚の紙芝居出版社である。これらの社の紙芝居は一点あたりの部数が他の版元よりも多い点に特徴がある。とくに翼賛紙芝居研究会は一点あたり約一万七〇〇〇部弱ときわだって多い。おそらく、同社の印刷紙芝居は隣組・職場・学校など全国津々浦々の現場に配布されていたと思われる。

一九四二年一二月に、日本教育画劇は「軍神の母」を出した。これは特殊潜航艇で戦死した兵士の母が、息子の名誉ある戦死を誇りにもって、銃後の務めに励んでいるという実話に基いたストーリー構成となっている。

一年間で一万八〇〇〇部頒布されているこの作品は、一部で最低一〇〇〇人に見られるとすれば、一年に一八〇〇〇万人の観客動員数となったという。「昭和十七年中の全国の紙芝居刊行種類が三百種、一部平均二千部として六十万部、一作品が仮に千人に見せられたとするとこの延人員六億である」との計算も成り立った（砥上峰次『紙芝居実演講座』慶文堂書店、一九四四年）。

街頭紙芝居批判の世論を利用してマスメディアとなった印刷紙芝居は紙芝居の場を街頭から屋内に移したが、観客と演者が一体化して独自の雰囲気を醸す街頭紙芝居開発のノウ

1

2

3

4

図５　「軍神の母」(野々口重絵，1942年)

ハウはちゃっかり活用した。ともかくこのようなベストセラーの出現と膨大な観客の動員は、戦時下戦意高揚のプロパガンダのメディアとして印刷紙芝居が軍や政府の期待に応えていたことを物語っている。

戦後の隆盛と検閲

占領下の街頭紙芝居人気

占領当初、日本のメディアが占領軍に不都合なニュースをかなり平然と流しているのに驚いたGHQは、一九四五年九月一九日にプレス・コードを出して、日本の新聞社・通信社・出版社、つまり活字メディアが守るべき報道の基準を出した。続いて九月二二日には、ラジオ・コードが出され、その内容はプレス・コードとほぼ同一であった。ところが映画・演劇などのメディアが守るべき基準は占領期を通して示されることはなかった。しかし機密解除されたGHQ資料には、ピクトリアル・コードと明示したものがある。つぎにその一つを掲げよう（山本武利『占領期メデ

ピクトリアル・コード

ィア期分析』)。

全てのピクトリアル・メディアは日本のピクトリアル・コードを遵守せねばならない。その条文は次の通り。

1、歴史や現在の出来事を事実に基づいて表現するという映画、幻灯、演劇作品、紙芝居は、真実に即さねばならない。

2、かかるピクトリアル・メディアは反民主的、超国家主義的、または軍国主義的な宣伝に使われない。

3、占領軍の目的の達成を妨害したり、連合国間の関係を損うものは、ピクトリアル・メディアに登場させてはならない。

4、見出し、小見出し、説明、広告、対話は右の条項に合致すべきである。

また別のピクトリアル・コードを示す資料（CIS-2423）によると、第三条・第四条はまったく同じであるが、第一条の「幻灯、演劇作品、紙芝居」のところが「演劇作品」としか記されていない。つまり別の資料は紙芝居の存在を知る以前の占領初期にできたものであると推測される。

しかし二つの資料ともに資料作成の年月日が記載されていないので、ピクトリアル・コードの出された時期を特定することはできない。ともかくピクトリアル・コードは公表されなかったものの、占領初期から全期を通じて、紙芝居や映画など映像メディアの検閲の基準になっていたことはたしかである。

ＧＨＱは第二条にある「反民主的、封建的、超国家主義的または軍国主義的な宣伝」を行っている紙芝居や、第三条にある「占領軍の目的の達成を妨害したり、連合国間の関係を損う」紙芝居を検閲によって公表禁止したり、一部削除したり、修正を求める姿勢を検閲開始時から堅持していた。ＧＨＱ資料（CIS-770）も、「検閲活動はピクトリアル・コードによってなされ、パス、一部削除、公表禁止のいずれかの処置をとっていた」と述べている。

検閲と没収

このピクトリアル・コードからＧＨＱは封建色や軍事色の排除を占領初期の主目的としていたことがわかる。つまりこのコードの第二・第三条に基づいて検閲がなされていたわけである。検閲当局は占領初期、超多忙であった。なによりも膨大な戦前の作品が版元や支部、さらにはサービス前線の紙芝居屋に所蔵されていた。

一九四六年二月二一日〜三月二〇日の時期に四つの貸元をＰＰＢが強制捜査し、その結果、かれらが未検閲の作品を所蔵し、子どもに見せていることが明らかとなった（CIS-1764）。かれらの自主性に任せておくことが難しいことが判明すると、版元を中心に各現場の代表者を糾合して日本紙芝居協会を結成し、それを窓口に検閲活動の効率的・組織的な実施を行おうとした。しかし、東京下町や江東に多い有力版元の家屋が空襲で焼失したものの、流通している作品の点数はばかにならない量であり、それらを絵から、必要な場合には裏の説明文を翻訳して、検閲の処分を行う手間暇は相当なものであった。

それでも街頭紙芝居は一点のみしか存在しなかったので、流通過程のどこかの現場でいったん押さえて検閲してしまえば、当局にとって不都合な作品が観客の面前にあらわれる心配はない。ところがすでに戦前に刊行された印刷紙芝居となると、各作品を検閲したところで、その作品の印刷されたものすべてに検印を押すことは困難であった。「軍神の母」のような長期ベストセラーになると、その作業は気が遠くなる分量である。業界団体を通じて、公表禁止や一部削除決定作品の各版元での断裁・破棄を指示したが、自己資産の処分を行おうとする版元の腰は重く、当局も版元の自主的な処分実行には懸念をいだいていた。

一九四六年五月二六日、日本教育画劇が戦前に製作した三九〇五セットが、東京京橋のカワムラという断裁専門の会社で処分された。その際には、ＰＰＢの紙芝居係の川口ミドリと日本教育画劇の前田なる人物が立ち会った（CIS-762）。

大阪の貸元の軍事裁判

このように本格的な取締りを開始しはじめたとはいえ、他のメディアのような効率的な成果は出しにくかった。まず一匹狼のような紙芝居屋が個々バラバラで掌握しにくいことがあった。一九四六年七月、大阪の鈴木という紙芝居業者が軍事裁判にかけられ、一五〇〇円の罰金と八ヵ月の懲役の判決が下った。ただし、かれはまもなく一ヵ月半の懲役に減刑となった。

かれは所有の紙芝居を未検閲のまま所持していた上に、そのうち、一二セットに偽造のＧＨＱの検印を押し、検閲をパスしたと見せかけていたが、五月二九日、手島というＧＨＱの職員に摘発されたのである（CIS-778）。

以下は、この摘発に関し、ＣＣＤ第Ⅱ地区の映像係から第Ⅰ地区のＰＰＢ課長に送られたリポートである。

1、手島氏は五月二十九日、鈴木が使っていた未検閲の紙芝居を発見した。鈴木は十一月以来検閲の対象になっていた。

2、鈴木はかれの所有する紙芝居は全て二月の第一週までに検閲を受けていたと主張した。かれは未検閲のものがかれの手許に入るとすぐに報告すべきはずだったのに、毎週、そのようなものはないとの報告を当局に行ってきた。

3、五〇〇点以上の未検閲の紙芝居がかれの家で発見された。

4、さらに、鈴木は〝連合国占領軍検閲済み〟証を示す偽造の検印を自分の所有する紙芝居に押していた。五十二点の未検閲のセットのうち十二点がその検印が押してあり、かれはその作品を観客に公然と見せていた。

5、鈴木は軍事裁判所に送検されたが、判決が下されるまでは拘置される。

紙芝居を含めメディア関係者の軍事裁判への送付は、この鈴木が最初であった。有罪判決を受けたのもむろん最初だった。後には四六年八月の大阪の中華国際新聞社や四八年の日刊スポーツ社、四九年の連合通信社・大阪民報社とあらわれたが、占領期を通じて、それほど多いわけではなかった（『占領期メディア分析』）。未検閲の紙芝居を所有したり、上演する業者は少なくなかったので、これだけでは軍事裁判にかけられることはなかったろう。当局が悪質と見たのは、にせの検印を押して、平然と公開していた点である。

大阪のＰＰＢ支部が送検してもいいかと問い合わせてきた際、東京のＰＰＢ本部では進んで許可した。かれの判決についてＰＰＢのカステロ課長は、「この判決は紙芝居業者に意外に重いとの印象を与え、検閲に出す紙芝居のセットが急増するようになった」と記している。

四七年一月二九日の資料によれば、朝日画劇の栃木県支部（足利市）の岡野銃太郎なる者はＧＨＱに手紙を送り、「検閲に通らないようなタイプの古い紙芝居ほど子どもに人気がある。好戦的、封建的、超国家主義イデオロギーを扱う伝統的な物語ほど子どもに受け入れられる」ため、多くの紙芝居屋が無検閲のものを上演し、大きな利益をあげていると述べている。またＣＣＤから埼玉県保安課に出された四六年一一月二一日の文書では、紙芝居業者の検閲は不必要との県の誤った指示に訂正を求め、「将来とも本件に関し貴保安課に照会ある際は本人を本検閲局へ来訪」させるよう指示している。ＧＨＱが本腰を入れて検閲に乗り出したものの、それがなかなか浸透しにくかったことがわかる。

図６　検閲の光景（アメリカ国立公文書館蔵）
上：検閲をするＧＨＱの２世検閲官と日本人秘書，
下：検閲最前線の日本人検閲官，
いずれも民間検閲部第Ｉ地区仙台支部．

ＧＨＱはこのような情報に基づいて、ときたま抜き打ち的に現場を急襲することがあったが、四六年末あたりでも、ＧＨＱの規律を遵守するとの誓約書にサインすれば、初犯の者なら無罪放免としていた。

佐木秋夫の東京裁判証言

一九四五年一一月頃からＧＨＱの文献に登場する佐木秋夫は、一九〇六年、東京に生まれた。第一高等学校を経て、一九三〇年東京大学文学部宗教学科を卒業した。文化問題や宗教思想の研究者であったが、一九三八年、日本教育紙芝居協会の設立に関与し、常務理事を務め、また日本少国民文化協会紙芝居部会の常任幹事として、業界と政府・軍部との橋渡しを勤めていた。一九四三年には、芸術学院出版部から『紙芝居』という本を出版するなど、紙芝居とくに印刷紙芝居業界の論客としても台頭していた。かれはＧＨＱから接触を受け、紙芝居検閲に協力を求められると、日本紙芝居協会の業界団体を結成し、その専務理事として、四〇歳の若さで業界のまとめ役となったのである。

佐木は四六年六月二〇・二一日に、東京裁判で、検察側証人として出廷し、政府よりも大政翼賛会の指示で、戦争協力の紙芝居が大量につくられていたことを証言し（桜本富雄・今野敏彦『紙芝居と戦争』）、六月二一日には、紙芝居を実演した。この日の東京裁判には、新聞界から緒方竹虎（元朝日新聞副社長、情報局総裁）やニュース映画製作者中井金兵衛が出席し、証言している。つまり佐木は緒方という大物と並んで東京裁判に出頭したわけで、かれの名を世間に広めると同時に、紙芝居の業界的地位を高める契機ともなった。

なお、ＧＨＱ資料でも、ＩＰＳ（国際検事局）のハーシー検事が四一年一二月七日以前、つまり開戦前につくられた紙芝居が戦意昂揚のプロパガンダとして、どれほど活用されたかを調べるため、実物を提出するようＰＰＢの方へ要請してきたとのメモがある。ＰＰＢは六セットの紙芝居を簡単な英訳をつけて提供した（CIS-771）。

失業者の業界参入

終戦の翌年の一九四六年後半から紙芝居の人気は上昇しはじめ、四七〜五〇年には史上空前のものとなった。戦前のピーク時の一九三四年に警視庁が行った調査によれば、貸元四三、画工一四四人、紙芝居屋一七〇〇人の業者がいた。しかし実際の紙芝居屋の数はこれよりも五、六百名多かったようである。四六年三月、ＧＨＱの事情聴取にたいし、佐木秋夫は、戦中の紙芝居屋はアマ五〇〇〇人、プロ二〇〇〇人であったが、戦後はアマは変わらないものの、プロは五〇〇人に減っていると答えている。GHQもしばらく業界規模を掌握できなかったが、業者側の組織が確立するにつれ、第I地区（東日本）の総数をつかむようになった。それは表4に示される。

表4　第I地区の紙芝居業界

	1947年4月	1948年10月
貸元数	16	23
画家数	93	47
作家数	70	29
紙芝居屋数	793	3,933
本・支部数	92	286

注　CIS-770，771による．

全国の数字は見あたらない。また画家や作家の数が四七年から四八年にかけて半数以下に激減している理由もわからない。少なくとも警視庁管内では、紙芝居屋の数は年々増加し、四八年には戦前のピーク時に近づいたといえよう。戦災・敗戦による日本経済の極度の不振と引き揚げで急増した失業者が、資本がなくても手早く現金が得やすいこの業界に殺到した。戦前の紙芝居屋には活動弁士、チンドン屋など多少とも紙芝居にかかわる説明・演技の経験者が多かったのに対し、戦後の紙芝居屋にはただその日の現金収入を求めるアマの失業者が目立っていた。かれらは演技者というよりは説明者であった。いや説明者というよりアメの売人といった方がよかった。

ともかくこの業界は一般の産業に比べて急速に回復してきた。その回復力は用紙事情に左右されにくい街頭紙芝居の方が強かった。一九四九年まではきびしい用紙不足であった。日本紙芝居協会では四七年春に業界の一年間に必要な紙として、印刷紙芝居三二〇〇連、街頭紙芝居五〇〇連と算出している。しかし印刷紙芝居に配給される用紙は限られていた。しかるに一セットだけつくればよい街頭紙芝居業者は、戦前からの在庫や配給で需要にかなり対応することができたのである。

東京の街頭紙芝居貸元

一九四七年四月一日にGHQは東京地区の有力貸元の調査をまとめている。そのなかで所属する紙芝居屋の人数が上位一・二位の貸元のデータを見てみよう。

〔一　位〕

会社名　ともだち会
住　所　東京都葛飾区金町五丁目三十番地
電　話　なし
設立目的　街頭紙芝居を手段にして、〝子ども文化〟に寄与する
代　表　大鹿照雄

代表者住所　会社住所と同じ

資本金　五万円

月間経費　七三三〇円

紙芝居屋平均収入

　一演技　一七円

　一日　一七五円

　一週間　一二二五円

　一ヵ月　四三七五円

画家数　一一人

作家数　四人

紙芝居屋数　一二五人

本・支部数　一一

東京本部　紙芝居屋一四人

荒川支部　荒川区町屋二―四八二　紙芝居屋九人

足立支部　　足立区千住高砂町一三四　　紙芝居屋一二人
金杉支部　　下谷区金杉一—一八　　紙芝居屋八人
葛飾支部　　葛飾区奥戸新町六五一　　紙芝居屋一八人
荏原支部　　荏原区二葉町　　紙芝居屋六人
下谷支部　　下谷区坂下町　　紙芝居屋一二人
八王子支部　　八王子市南新町　　紙芝居屋一五人
古河支部　　茨城県猿島郡古河町四—六一九七　　紙芝居屋一〇人
鶴見支部　　横浜市鶴見区下ノ谷町　　紙芝居屋一七人
横須賀支部　　横須賀市佐野町五三〇　　紙芝居屋四人

〔二　位〕

会社名　　日本紙芝居実演連盟
住　所　　東京都世田谷区北沢一—三〇八
電　話　　な　し
設立年　　一九四五年一〇月一〇日

設立目的　紙芝居を手段として民主主義を推進する
代　表　岡野アリトシ
代表者住所　会社住所と同じ
資本金　一〇万円
月間経費　三万四二三〇円
紙芝居屋平均収入
一演技　一五円
一日　一二〇円
一週間　七二〇円
一ヵ月　二六四〇円
画家数　八人
作家数　九人
紙芝居屋数　一一二人
支部数　一三

世田谷支部	世田谷区北沢一―一三〇八	紙芝居屋二三人
千住支部	足立区千住小川町三〇	紙芝居屋七人
西新井支部	足立区モトギ町二―二〇〇一	紙芝居屋一一人
荏原支部	荏原区荏原四―一九五	紙芝居屋四人
横浜支部	横浜市西区東クボ一六五	紙芝居屋八人
横須賀支部	横須賀市佐野町九〇	紙芝居屋五人
宇都宮支部	宇都宮市シュクギ七五九	紙芝居屋九人
熊谷支部	熊谷市元町二―一一	紙芝居屋七人
川越支部	川越市石原町三〇一七	紙芝居屋一四人
仙台支部	仙台市新川原町七四	紙芝居屋四人
秋田支部	秋田市モドノアクゴ町三二	紙芝居屋三人
新潟支部	新潟市古町一三	紙芝居屋八人
平塚支部	平塚市新宿六七〇	紙芝居屋九人

ともだち会・日本紙芝居実演連盟など調査対象の住所、画家数、作家数、紙芝居屋数、

本・支部数のみを表5にまとめておこう。この表で注目されるのは、向島・荒川・本所・葛飾など下町に本部が多いことである。世田谷・荏原などは山手といえるが、それらのバラック住宅の密集地に本部があった。

大手の業者となると、東京・神奈川・埼玉・茨城などに支部を設置しているものの、その数は多くない。画家・作家はもちろん本部に所属している。紙芝居屋は本・支部のいずれか一つに所属して、その近隣を商圏としていた。表5には挙げなかったが、本部で電話をもっているのは平和会・日芸画劇だけであり、また資本金もあけぼの会の二〇万円をトップに、多くは一〇万円以下である。つまりいずれの貸元も零細企業である。GHQもつぎのように述べている。

東京の紙芝居会社の平均資本金は七五、〇六一・六二円である。個々の紙芝居企業の規模を的確に把握するには、この数字を巨大映画企業の一つ東宝の資本金四千万円と比較するのがよかろう。また紙芝居会社の平均月間支出が七万五千円であるのに対し、東宝のそれは約三千万円である。

なお紙芝居屋の多くは貸元やその支部の近くに住んでいた（姜竣「街頭紙芝居と教育紙芝

表5　街頭紙芝居貸元データ（1947年4月）

会　社　名	住　所	画家数	作家数	紙芝居屋数	本・支部数
あけぼの会	向　島	2	1	45	6
オール画劇社	浦　和	4	4	45	6
朝日画劇協会	荏　原	7	4	35	5
絵話会	向　島	1	3	31	2
画劇文化社	本　所	9	8	71	4
平和会	荒　川	6	1	26	3
いろは会	渋　谷	4	2	65	2
一誠会	荒　川	4	4	28	1
児童芸能社	港	5	3	28	4
町の星社	足　立	3	3		
日芸画劇	本　所	4	3	10	1
日本紙芝居実演連盟	世田谷	8	9	112	13
新日本画劇	葛　飾	9	3	109	5
東宝社	大　船	4	4	62	5
ともだち会	葛　飾	11	4	125	11
全優社	神　田	12	14	48	10

注　CIS-770，771による．

居」『口承文芸研究』二三号、二〇〇〇年）。かれらの収入は、所属する貸元によってかなりのバラツキがあるが、二〇〇〜二五〇円の日収をあげる者が多かった。

回復遅い印刷紙芝居業界

一九四六年末の日本紙芝居協会の調査によると、戦後活動を一応開始したのは日本教育画劇・国民画劇・日本画劇の三社にすぎない（表6）。その部数・点数は一九四二年の表に比べると格段の差がある。四七年四

表6　印刷紙芝居の版元別統計（1946年）

版元名	所在地	部数	点数
日本教育画劇	銀座	31,000	7
日本画劇	豊島区	51,000	6
国民画劇	銀座	42,000	8
新日本文化協会	札幌	2,000	1
サンシン会		5,000	1
計		131,000	23

注　CIS-770による．日本紙芝居協会調べ．

表7　府県別観客動員数順位（1949年3月）

順位	府県	観客数
1	東京	148,774,000
2	大阪	129,472,800
3	福岡	35,040,000
4	兵庫	34,799,100
5	神奈川	33,755,200
6	栃木	29,696,400
7	愛知	26,280,000
8	群馬	23,199,400
9	埼玉	22,955,000
10	京都	22,177,400
	全国	621,408,850

注　CIS-772による．

月にGHQは国民画劇と日本画劇のデータを残しているが、両者とも電話がない。画家・作家の合計も国民画劇が一二人、日本画劇が九人と、表5の街頭紙芝居貸元の中堅程度である。この時点では、印刷紙芝居は版元の戦災の打撃、用紙不足、印刷所不足から立ち直るきっかけをまだつかんでいない。紙不足も回復を遅らせている。四八年には復興の兆しを見せているが、それでも紙芝居は街頭紙芝居といって過言ではなかった。なお、銀座・豊島に発行所がある点、表5と表6は対照的である。

過熱する人気

一九四八年から四九年にかけて、紙芝居人気がピークに達した。四九年三月にGHQが独自の収集資料と紙芝居業界団体から得た資料に基づいて、各府県の紙芝居観客数、製作者、貸元数、紙芝居屋の大規模な集計を行っている。表7は上位一〇の府県の観客動員数を示す。観客数は一日で一七〇万人、一年で六億二一〇〇万人に達している。東京では一日四〇万人、大阪では三五万人が紙芝居を見ていることになる。もちろん観客の大部分が子どもであった。

在日アメリカ軍機関紙『スターズ・アンド・ストライプス』は四七年二月一日に、「ペーパー・シアター」なる紙芝居特集を行い、そのなかで〝自転車の上のシアターに押し寄

THEATER-ON-WHEELS For over thirty years millions of Japanese children have been entertained with the "Kami-shibai"—dramatic story telling with the aid of pictures. Today there are 800 of these "theaters" in Tokyo alone.

Staff Photo By SGT. RYOJI AOYAMA

Japan's Children Flock To Theaters On Wheels

By SGT. SAM TAMASHIRO, Staff Writer

図７　『スターズ・アンド・ストライプス』の紙芝居特集記事

せる日本の子ども〃に注目した。同じ年の一一月三一日に、ＰＰＢの紙芝居係が世田谷での日本紙芝居実演連盟所属の紙芝居屋の実演を見ていると、紙の裏の検閲済みの説明書きから離れて、アドリブの説明を子どもの前にしていることがわかった。かれにその理由を尋ねると、説明書きは短すぎるため、アドリブで説明を加えざるをえないとのこと。子どもを引き寄せるために、かれに限らず、多くの紙芝居屋がそうしているらしい。この実態を知った紙芝居係は、説明書きに工夫をこらす必要性を報告している。

『アサヒグラフ』一九四八年一二月二〇日号にでた紙芝居屋の話のうちの二つを引用しておこう。

学校のひけた頃合を狙いながらまわるのが仲々の苦労もんで、だから今日はどの学校で学芸会、今日は運動会と学校の行事には子供らより詳しいですぜ。

お客は子供だけだと思ったら大間違い。おばあさん、お母ちゃんは勿論、大きい子供にうけが悪いとてんで商売になりません。場所によってはロハ見物も多うがすし、熱演し過ぎると子供に尻のポケットも狙われようという。全く怖るべき子供らですな。

ともかく人気は高まるばかりである。娯楽不足や学校の二部授業、さらには食糧事情の悪化にともなう菓子不足が、子どもを紙芝居屋に走らせた。『第一新聞』四八年六月二四日付の記事にはこうある。

最近ひんぱんに遅刻する子供達に不審をいだいた中野区塔之山小学校で、三年生四十名について調査したところ、その八割が登校のさい「紙芝居」にひっかかっていることが判り、中野署に報告して来た。同校を中心に一日十二カ所、延四十三回行われている紙芝居見物、一日に十回以上を見る子供が男七、女三で、平均五、六回が一番多く、一日二十五円の投資をする女生徒二人をはじめ、十円どまりが二十名、その内七名は一ヶ月七百五十円の消費。あくどい内容に童心を刺激されて、買食から怠学、不良化と転落した例も一、二ある。同校ではPTAによびかけて、紙芝居内容を検討すると共に、近く紙芝居業者を招き、場所、時間の再検討をはかるというが、中野署からの報告で、警視庁少年課でも、童心を毒する内容の紙芝居はなるべく上演せぬよう業者に要望している。

この記事を転載した雑誌『紙芝居』四八年一〇月号は、「本件に関して当管轄部で早速事情を調査した結果、事実であることが判明」と付言している。子どもの紙芝居接触が学校遅刻、買い食いなどの教育問題・社会問題へと広がるほどの過熱ぶりを示してきたことがわかる。そしてこのような世論の高まりが、後に述べる自治体の取締条例を生むことになる。

各方面での印刷紙芝居への注目

しかし、紙芝居の子どもへの悪影響が本格的に論じられるのは一九四九年以降であって、それまではその人気に便乗する勢力の方が強かった。GHQ資料には、四七年春、警察が交通安全や犯罪防止教育に紙芝居を利用しているとある。またそのころ、CIEのフランシス・ベーカー女史は紙芝居を試作して、日本政府に複製と配布の依頼を行った。彼女は農産物や工場生産品の都市・

農村への相互の流通促進のための紙芝居を農林省に対し提示し、さらに性病予防のための紙芝居も作成中とのことであった。また彼女によると、日本政府はこのプログラムに二一〇〇万円の予算を当てているという。警視庁が犯罪予防週間のために紙芝居作成の許可を四七年八月に要請してきたのに対し、ＣＣＤは許可した。このような申請は静岡の女学校や清水谷青年団からも来た。

四八年五月には、曹洞宗が古代インドの仏教に関する紙芝居を六〇〇部作成し、末寺に配り、日曜学校で子どもに示すとある。さらに同年六月、天理教では紙芝居を五〇〇万円の予算で作成し、一万人に及ぶ布教活動者に配布する計画をＧＨＱに打診してきた。これに対し、ＣＩＥでは教団本部の所在する第Ⅱ地区（大阪・中部地区）のピクトリアル部門の検閲を受けるように指示している。

政府や宗教団体の紙芝居が印刷紙芝居業界の息を吹き返させた。こうして戦前の旧勢力が紙芝居人気に便乗して、再びそれを情報の上意下達や勢力拡大に利用しはじめたわけである。

印刷紙芝居利用の左翼プロパガンダ

民主紙芝居人集団

戦前はきびしく弾圧されたため、紙芝居とは縁のなかった共産党や左翼系の労組、文化団体が一九四八年あたりから紙芝居を勢力拡大に活用するようになった。GHQ資料に登場する最初のものは、四七年二月のゼネストのために東北地区の全逓（全逓信従業員組合）が作成した手書きの紙芝居で、検閲をパスしている。そして四八年四月旗上げした民主紙芝居人集団が活発な動きを示すようになるのに比例して、GHQの紙芝居への警戒が強まり、その関連の資料が頻出するようになる。

民主紙芝居人集団は共産党の傘下にある日本民主主義文化連盟（文連）に所属し、結成当初は六〇人の画家・作家・貸元などが参加した。その幹部は次の人たちであった。

代表　相馬泰三

委員　稲庭《いなにわ》桂子、佐木秋夫、加太こうじ、松井光義、斎藤正行

ＧＨＱの聴取に対し、相馬は文連への参加は情報交換のための便宜的なもので、文連の指導を受けていないと答えている。だが、ＧＨＱはこう分析する。

民主紙芝居人集団のメンバーは、紙芝居の創造や大衆化、また文化的、社会的な水準の向上をねらって結成されたものと言い張っているが、そこの出す作品の台本や絵が共産主義的傾向を示していることは明らかである。そのねらいが共産主義的運動に紙芝居を最大限有効に提供することにあって、紙芝居の民主的な発展などを念頭においていない。

稲庭桂子の作品

ＧＨＱは民主紙芝居人集団の文連参加の背後には、教育紙芝居界の作家稲庭桂子がいるとにらんでいた。彼女がこの集団の実質的リーダーであったことはたしかである。いや彼女は占領期ばかりか一九七五年に病没するまで戦後の印刷紙芝居界のリーダーであった。ＧＨＱが左翼系紙芝居の代表作とみなした三三点の

うち、三分の一が彼女が脚本を作ったものであり、その稲庭作品の四点が公表禁止、二点が一部削除となっている。

〔作品名〕	〔版　元〕	〔画　家〕	〔検閲結果〕	〔年　月　日〕
クロ子の選挙	日本民主主義文化連盟	ヤギヤスユキ	パ　ス	四七・三・一三
働くものの国	同	加太こうじ	公表禁止	四七・五・一六
正　作	同	永井　潔	パ　ス	四七・五・二三
お母さんの話	同	岩崎ちひろ	パ　ス	四七・一二・五
帽子の行方	同	松山文雄	一部削除	四七・一二・一六
くろい虫	同	松山文雄	パ　ス	四八・一・八
みんななかよく	同	西原ヒロシ	公表禁止	四八・一・二七
税金メガネ	同	ヤギケンジ	公表禁止	四八・七・一
眠らぬ国	民主紙芝居集団	—	パ　ス	—

ヨーコのメーデー　同　――　一部削除　――

みんな仲良く　三菱化成鶴見工場労働組合文化教育部　――　公表禁止　四八・一

(CIS-769, 780 による)

四八年四月四日現在の検閲申請紙芝居三〇二六点のうち、左翼系と見なされて公表禁止や一部削除となった作品は全体の〇・三%にすぎなかった。この数字と比較しても、稲庭作品の処分率がきわめて高かったことがわかる。「クロ子の選挙」「くろい虫」「お母さんの話」「正作」は検閲パスの代表的な彼女の人気作品であったが、四つともGHQは共産党色濃厚と断定している。永井潔が絵を描いた「正作」は地主小作問題を描いた作品で、若くて貧しい農民正作が、なぜ一生懸命働いても貧しいのかという疑問から、地主階級との闘いを行うというストーリーであった。ところが「働くものの国」のように公開禁止とはならなかった。しかし「正作」が文連を通じて二三〇部購入され、配布されたことをGHQは気にした。『アカハタ』は再三、この作品を紙上で激賞していた。

5 これらはみんな労働者の家です．どれもきれいで，設備もよく整っています．

6 ゴミばかりの粗末な汚い借家と比べてみて下さい．

7 みじめで悲惨な日本を再建できるのは私たち労働者だけなのです．

8 労働は資本よりも安いと資本家はほざいています．

加太こうじ絵，アメリカ国立公文書館蔵)

1 ソビエト連邦は，世界に一つしかない労働者・農民の国です.

2 資本家は，あくなき利益を求めます.

3 労働者の家には，ピアノも蓄音機もあります.

4 空腹・病気・失業に私たち日本人労働者はいつも怯えています.

図8　「働くものの国」（稲庭桂子作，

新しい紙芝居―農村の子どもが主人公

新しい紙芝居が文連の手でつくられた。稲庭桂子さんの作品「正作」で、絵はとくに日本美術会の俊英永井潔氏が執筆している。農村の子供を主人公としている点と、永井氏の絵による美術教育をかねている点は注目されていい。（『アカハタ』一九四七年一〇月二五日）

ＧＨＱは四八年四月から八月にかけて、この「正作」が上演されたり、販売されたりした地区を丹念にフォローしたリストを作成するほどであった。ＧＨＱ紙芝居係に勤める日本人か、日本の警官が調べたのだろう。

「働くものの国」は最初に公表禁止となった作品である。

次は稲庭の学歴や業界歴をまとめたＧＨＱ調書である。

稲庭桂子ＧＨＱ調書

誕生日　一九一六年一一月一一日

誕生地　盛岡

現住所　世田谷区二一七二―二

一九二八年　桜小学校（世田谷区）卒

一九三三年　青山女子学校（東京青山）卒

稲庭桂子によれば、彼女の母が重病だったため、卒業後は定職に付けなかった。開戦前は短期間、鉄道会社や産業組合に勤めた。戦時中の一年間日本教育画劇株式会社でプロパガンダの紙芝居を書いた。彼女の当時の紙芝居は右翼のプロパガンダを扱っていた。稲庭は日本教育画劇に雇われる前の四年間、カメヤハラ・トクの下で台本の研究をしていた。東京で空襲が激しくなると、家族と盛岡に疎開し、結核療養所に入った母の看病をしていた。

稲庭は一九四七年一月、文連に入った。彼女は連絡員として組織部門で働くとともに、文連のために紙芝居を書いた。彼女の連絡員の任務は主として偵察であった。文連が新しい組織を加入させようと企てたとき、彼女はその目的を調査するために派遣された。そしてその組織が文連と共通するなにかをもっているとわかれば、彼女は提携を求め、文連の会員を増した。彼女は一九四八年八月三一日に文連から離脱した。

一九四八年四月、彼女は民主紙芝居人集団の組織化に協力した。彼女は現在もこの集団の総務担当役員である。彼女は多くの左翼紙芝居を作りながらも、自分は共産主義者でないと主張する。また彼女は共産党員になったこともないと述べた。

彼女は戦時中に日本教育画劇のために戦争プロパガンダの作品「櫛」などの一一作品（上地ちづ子『紙芝居の歴史』）を書き、当時から「宣伝作品で之《これ》だけ書ければ達者名者」（『紙芝居』一九四三年二月号）と評価されていた。盛岡のサナトリウムで母を看取った後、占領初期上京し、「紙芝居は民衆のものだ。民衆をぬきにして紙芝居は存在しない。これはむかしからそういう事になっていた。とするならば、現在民主主義革命への途上に於て、紙芝居が果さねばならぬ役割は、非常に大きい筈だ。それなのに、ハッキリと文化活動としての意義をもった紙芝居運動が、もりあがって来ないのは不思議だ」（『紙芝居』一九四七年一二月三〇日号）と述べ、文連活動に参加。自らを含めた紙芝居関係者は「戦犯」であったと自己批判し、「専門人」として民主主義革命に紙芝居を貢献させねばならないとの決意を行動に移した。そして「紙芝居をつくりながら、紙芝居人の組織に取りくんだ」（子どもの文化研究所他編『紙芝居』一九七二年）。ただ調書にあるように、彼女は共産党員でないと述べている。文連は完全な共産党の傘下にあった党の文化運動組織であったので、GHQも稲庭の発言に疑問をもっていたが、その証拠はつかめなかったようである。なお、

「働くものの国」で絵を書いた加太こうじ自身は、ＧＨＱ調書で一九四六年、金町地区細胞の共産党員であると述べている（CIS-780）。

共産党の紙芝居プロパガンダ

一九四八年は、共産党が党員と機関紙『アカハタ』の部数を伸長させた時期である。ＧＨＱの検閲や関心もそれにつれ共産党を中心とした左翼メディアへ移っていく。紙芝居は取締りのむずかしいゲリラ的なメディアとしてＧＨＱを一層いらだたせたようだ。四八年一〇月一八日付のリポートは子どもへの影響力の高まりに憂慮の念を隠さない。

共産主義者の雑誌『新星』一〇月号から得た情報では、共産党は子どもへの働きかけを始めたようである。〝アカハタの紙芝居おじさん〟が子どもに人気があるのは、話がとても面白いし、ふつうよりも上演時間が長いからである。かれは子どもにアメを買えとは強制しないし、タダでも見せてくれる。そんな利口な心理作戦で、子どもの心は『アカハタ』の側に確実になびき、占領に批判的な感情を起こさせる。ＰＰＢはこれに関連したリポートならなんでも受け付けるわけではないが、そのような展開には目を見張っていくことになろうと述べている。

6月11日（金曜日）
1948年　昭和23年
第399號　日刊
日本共産黨中央機關紙
主幹　志賀義雄

アカハタ

紙芝居と童話の會

岩共荒沢班共催で卅日午後一時から荒屋新町小学校に紙芝居と童話の会がひらかれた、お母さんをまじえたおよそ百五十名の子供があつまり「正作」「黒い鳥」の紙芝居に目をかゞやかせてみいり、おわりに三浦委員長が「王様と汽車」と題するお話しをし

また戦争をおこそうとしているにくい黒い鳥を退治しましよう

といえば、皆手をたたいてさんせい、またぜひやって下さいと注文が続出次回を約して散会した（盛岡支局発）

新刊紹介

図9　『アカハタ』1948年6月11日

占領とともにGHQは大量の手紙を開封し、日本人の世論の動向や機密情報をとらえようとしていた。共産党や『アカハタ』の勢力拡大はGHQの党員・党機関への関心をいや増す。四八年一二月四日付の『アカハタ』下田分局から東京の編集局への書留が開封された。それによると、伊豆半島南部の文化活動の一環として、当地の共産党は下田小学校に三〇〇人の子どもを集め、歌声や紙芝居・人形劇の催しを行った後、白浜村でも紙芝居を上演した。また夜には党員の討論会が開かれた。さらに同年一一月三〇日付の荒川区の党員から秋田県の女性党員に

あてた手紙を開封したGHQは、下部党員が八丈島への文化活動に派遣され、人形劇や紙芝居などによって党の支持者を島民に獲得せんと努めていること、また荒川区では反税闘争や文化活動を通じて次の選挙での党の躍進を図っているとの情報を入手している。実際、この頃の『アカハタ』には紙芝居を党活動に活用している記事がよく出る。たとえば四八年六月一一日付の「紙芝居と童話の会」という見出しの記事では、盛岡地区北岩手細胞群では、五月三一日、新町小学校で一五〇人の子どもを集め、「正作」「黒い虫」の紙芝居を実演した。すると子どもは「戦争をおこそうとしているにくい黒い虫を退治しましょうといえば、皆手をたたいてさんせい、またぜひやって下さいと注文が続出次回を約して散会した」という。また党機関紙会議でも、子ども会での紙芝居の活用を党員に呼びかけた。

表8は四五年一一月から四八年一〇月までの第I地区の紙芝居検閲総数三万八四九六件のうち、一七一九件の処分理由を分類したものである。戦前の作品中心の右翼のプロパガンダに比べて左翼のプロパガンダを理由とするものはきわめて少ない。しかし戦前には、左翼プロパガンダの作品がなかったことから、四八年からこの種のものが目立ちはじめたことがわかる。また暴動・不安の助長や安寧秩序破壊の項目にも、共産党関係のものが入

表8　第Ｉ地区の処分理由

1	右翼プロパガンダ	1,224
2	占領軍批判	10
3	安寧秩序破壊	106
4	闇活動	11
5	暴動・不安の助長	212
6	アメリカ批判	5
7	食糧危機	3
8	連合軍への一般的批判	21
9	占領軍兵士の日本女性との交際	17
10	中国批判	2
11	イギリス批判	1
12	虐待の表明	94
13	左翼プロパガンダ	13

注　CIS-771による．

っていることに注意したい。たとえば四九年八月に加太こうじが検閲に提出した「人民の旗」は、戦時中逮捕され、戦後釈放された党員の復讐を描いた作品だが、「暴動・不安の助長」との理由で公表禁止にされている。

一九四九年六月二三日、ＰＰＢのピクトリアル部門では「紙芝居分野での左翼活動」という総括的なリポートを出している（CIS-780）。戦前期では紙芝居は右翼プロパガンダのメディアとして日本政府によって育成されてきたが、今日では、共産党がプロパガンダのために活用するようになったという。文連とその傘下の民主紙芝居人集団は戦時の政府と同様に工場や学校、村々に紙芝居を配布している。現在、街頭紙芝居までは支配されていないが、〝赤い旗〟をもつ紙芝居屋は子どもの人気を集めている。

かれら共産党によって訓練された連中は、本屋やデパートで売られる検閲済みのものばかりでなく、未検閲のものも使っていることはたしかである。共産党による未検閲のものの利用は極秘とされている。かれらの手法は賢明で、長編ものを無料で見せている。商業的な紙芝居ならば見せる前にアメを売るのが普通なのに……。

「紙芝居分野での左翼活動」リポートが出た直後の四九年八月の「PPB月報」によると、北海道富良野地区共産党委員会は四九年六月一五日からは作品を、四〇人の子ども向けに上演した。そのなかには三点の未検閲のものがあった。ところがその一点がなんと「みんななかよく」という稲庭の公表禁止の作品であった。これは北海道の共産党支部が複製したものである。

紙芝居の落日

コードから条例へ

一九四八年七月まで新聞・出版などは事前検閲、その後は事後検閲に移った。この事後検閲も四九年一一月からすべてのメディアで廃止され、無検閲の状態となった。

左翼以外には甘い検閲

紙芝居のうち、街頭紙芝居は一セットしかなかったので、公開される前に検閲を受ける事前検閲が最初から続いていた。印刷紙芝居は事前検閲期にはほとんど刊行されず、四八年八月からの事後検閲期に入って急速に点数が増加した。左翼関係のプロパガンダで公表禁止となるものの大部分は、事後検閲期の印刷紙芝居といってよかった。

ＧＨＱの紙芝居検閲の対象は、当初は右翼のプロパガンダにあったが、四八年あたりから左翼のそれに転換していった。しかし右翼の新作紙芝居が出なかったわけではない。四七年三月のＧＨＱ資料は、浦和市の大日本公徳会が戦後失われた道徳心を再興させる紙芝居を検閲に提出してきたため、全文を英訳してＣＩＥなどとも協議したと述べている。ところがこれが公開禁止にされたとの記録は残っていない。

重大な検閲違反にも甘くなった。四六年の大阪の紙芝居業者は検印偽造により軍事裁判で有罪判決となったのに、四八年八月の「ＰＰＢ月報」によると、浦和市の稲垣ソウイチは同じ容疑で注意処分を受けただけである（CIS-6405）。また四八年七月に東京台東区の歌田シゲオが偽造検印を「サンチャン・山の巻」という作品に使った際、軍事裁判にかけるべきかどうかの論議がＰＰＢ内部でなされたが、結局見送られた（CIS-769, 773）。その理由は、歌田がこの罪の重大さへの認識がなかったことに求められた。ただし再犯となれば、かれは起訴されるとの条件つきであった。

ところが日本人の大人による紙芝居への批判は、子どもへの悪影響という点から高まっていった。つまり四八年頃からＧＨＱの主眼が左翼イデオロギー色の濃い印刷紙芝居に向けられたのに対し、日本の世論は低劣・俗悪といわれる街頭紙芝居をもっぱら批判した。ＧＨＱ資料にはその位相差に気づいて、当惑しているものが散見される。

街頭紙芝居への批判

本課では一九四八年六月十四日のラジオ〝婦人の時間〟に流された、親と子どもに紙芝居への意見を求める街頭インタビューの録音を入手した。この録音でも、新聞記事でもあきらかなのは、母親が子どもの道徳への紙芝居の影響に一方ならぬ関心をいだいていることである。彼女たちはグロテスクもの、ギャングもの、探偵もの、〝英雄崇拝の心理〟をあおる幻想的で、超自然的なものを扱う紙芝居を憂慮している。この録音で、紙芝居屋が占領軍の検閲を受けていると発言している。これはそのような作品を検閲でパスさせているＧＨＱを間接的に批判したものに他ならない。（中略）本課は道徳的な観点から検閲を行っていないので、検閲の基準に反しないものであれば、どの作品もパスさせている。作品をつくる貸元にはくり返し強調していることであるが、作品に検閲済みのスタンプが押してあるからといって、その内容が子どもの教育に良いものとは限らないということである。

検閲がなされていること自体、GHQは認めていなかったが、占領も三年近くになれば多くの日本人はその存在を知っていたと思われる。風俗壊乱や性的表現の類には、各コードとも寛大であったため、それを理由とした公表禁止や一部削除はほとんどなされなかった。したがって、世論がまゆをひそめるような街頭紙芝居はおおっぴらに上演されていた。また子どもに売る菓子が不衛生との批判も多かった。各紙誌が紙芝居を倫理や衛生の面で取り締まるべきとのコラムや記事を掲げた。

ここに代表的なものとして、『週刊朝日』一九五〇年二月一二日号の「紙芝居エンマ帳」がある。

路地のうすい陽だまりに、七、八歳をかしらに、十数人の子供たちが、紙芝居の小父さんの自転車をとりまいて、ワー、ワーと口々に騒いでいる。小父さんは、チーンと鼻をかんだその手で、短い箸の先にチョッピリ水アメをつけて子供にわたしてやる。今はやりの象の形のモナカのカラが二つ組合せで三円、象の頭に三角の帽子をかぶせて五円、中に水アメを入れると七、八円になる。赤い色で汚く染めた、オブラートのような花丸センベイを、はしから少しずつかじっている子供を見るとあわれにもなる。

不衛生な紙芝居屋の手から渡されたアメをなめつつ子どもが見はじめた「タンちゃん」なる漫画は「絵はまずく、きたなく、そこにはなんのユーモアも感ぜられない」。女の子に人気の現代悲劇「真心」は両親の不和を扱ったもの。三本立の最後の活劇は「白面鬼」「人食い婆さん」「ジャングルターザン」「魔の巨人」いずれも勧善懲悪の昔と変わらぬものばかり。子どもは断片的な一コマ一コマに心をうばわれている。どの紙芝居にも少しもあたたかいものがない。すこぶる殺伐で野卑で荒んだものばかりである。

こうした紙芝居が子どもたちに、どのような影響をおよぼすか？　ひとつの現れとして警視庁少年二課にある報告を見よう。

一日に業者が何人も来るため、子供の小づかいがかさみ、ついには家庭から金を持ち出した（富坂署管内）。紙芝居の見料に十円ずつとってクジ引きさせ、一等に三十円二等に二十円返す方法で、子供にトバクをおぼえさす（荒川署）。子供が学校へゆく時刻をみはからって来るため、遅刻や欠席がふえた（淀橋署）。そして一番恐ろしいのが今流行の「泥棒ごっこ」「パンパンごっこ」などで、紙芝居の筋にヒントを得て、無意識の中に大人の悪い面だけを覚えこむことだという。

都の小学校長会でも、これと同じような報告が出され、いろいろな要望や意見が交わされている。「業者の言葉が悪く、野卑で困る。台本通りやるものが少ない」「余り来すぎる。今来たと思うと、又来るので、幾ら金を出しても間に合わないと親たちからの苦情がある」「紙芝居以外で子供をつる、トバク的ゲームは余りにも非教育的である」

さらに各区の母の会でＰＴＡでも批判の声は強いが、中にこんな実例も持ち出されている。

山の手の会社員の家庭で、三年生の男の子が、母親に小づかいをねだって断られ「何いってるんだい。お母さんだって間男をつくって金を使ってるじゃないか」と憎まれ口を叩いたというのだ。唖然とした母親に子供は「だって紙芝居の小父さんがいったよ。どこのお母さんだって間男してるって――そういえば、きっとお小づかいくれるんだって」

　また江東の色街を「ネエちゃん、あそばしておくれよ」と、口々に騒ぎながら歩いている小学生、それも低学年の一隊をとがめたら、紙芝居の小父さんから「教えてもらった」と答えたという。

　こうしたジャーナリズムの批判記事をＰＰＢでは集めて翻訳した。

神奈川県条例制定

　しかしＰＰＢは世論を気にしつつも、ピクトリアル・コードの枠を出た取締りをしなかった。

　取締りに腰の重いＧＨＱに代わって名乗りをあげたのは、地方自治体であった。とくに大都市やその周辺地区の自治体が紙芝居業者取締条例の制定に熱心だった理由は、紙芝居の子どもへの弊害を声高に叫ぶ都市住民が多かったからである。まず最初に神奈川県が神奈川県紙芝居業者条例を四九年三月二四日に公布した。

　神奈川県紙芝居業者条例

（目的）

第一条　この条例は、紙芝居業者が紙芝居を行う際の言動が、児童の福祉上、与える影響がきわめて大きいので、これを指導監督し、その資質の向上を図ることを目的とする。

（用語の定義）

第二条　この条例で、紙芝居とは、主として街頭において児童を対象とし絵画、写真若しくは人形等を用い童話その他を物語ることをいい、紙芝居業者とは、自己その他の生活の資等とするために、料金を徴収し又は物品を販売して紙芝居を行う者をいう。

（免許）

第三条　知事の行う紙芝居業者試験（以下試験という）に合格した者でなければ紙芝居業者となることはできない。

2　試験は、毎年一回知事が行う。但し、必要に応じ臨時試験を行うことができる。

第四条　試験は、次の科目について行う。

一　筆記試験

1　国語科
2　算数科
3　社会科
二　口述試験
1　児童福祉についての常識
2　保健衛生についての常識
3　公安交通についての常識
三　実地試験
第五条　試験を受けようとするものは、申請書（第一号様式）に、手札形写真二枚履歴書及び手数料の領収証を添えて知事に提出しなければならない。
第六条　試験に合格した者には、免許証（第二号様式）を交付し、その氏名は神奈川県公報により公示する。
第七条　紙芝居業者は、紙芝居を行う際、常に免許証を携行し、この条例に定める指導員の要求があった場合は必ずこれを提示しなければならない。

2　免許証は、これを第三者に譲渡し、又は貸与してはならない。
3　免許証をき損し、又は亡失した場合は、第三号様式により再交付の申請をすることができる。
4　免許証の有効期間は二年とする。但し、継続してこれが交付を受けることができる。（第四号様式）

（紙芝居業者審査委員会）
第八条　紙芝居業者に関し知事の諮問に答え、又は意見を具申し及び試験に関する事項を処理するため、紙芝居業者審査委員会（以下委員会という）を民生部児童課に置く。
2　委員会は、委員十人以内をもって組織し、関係職員若しくは児童福祉又は児童文化について学識経験を有する者の中から知事が任命又は委嘱する。
3　知事は、委員会の庶務に従事させるため、県職員の中から、書記若干人を任命する。

（手数料）

第九条　手数料の額は次の通りとする。
一　試験手数料
二　免許手数料
三　免許証再交付手数料
四　免許証継続交付手数料
3　前項の手数料の徴収については、県税外諸収入徴収規則（昭和二十二年十二月神奈川県規則題三十四号）の定めるところによる。

（禁止事項）
第十条　紙芝居業者は、ひわいな言葉、見苦しい服装をし、射幸心の誘発、保健上有害なる物品の販売その他の児童の福祉上、悪影響を及ぼす虞のあると認められる言動をしてはならない。

（指導教育）
第十一条　紙芝居業者の指導監督のため、指導員を置く。
3　指導員は、関係行政庁の吏員児童福祉司及び児童委員等児童福祉法第二十九

条の規定による証票を所得している者をもってこれに充てる。

（罰則その他）

第十二条　第三条の規定に違反した者は、一年以下の禁錮又は拘留若しくは一万円以下の罰金に処する。

2　第七条第一項、第二項及び第十条の規定に違反した者については、委員会の意見をきいて免許を取り消すことができる。

第十三条　この条例の施行につき必要な事項は、知事が定める。

（付則）

1　この条例は、公布の日から、施行する。但し、第三条から第七条及び第十二条の規定は、昭和二十四年五月一日から施行する。

2　この条例施行の際、現に紙芝居を業としている者については、三十時間以上の紙芝居業者資格認定講習会を実施し、その修了者は試験に合格した者とみなし、第六条の規定を準用する。

紙芝居屋に試験を課し、それに合格した者のみに免許を与え、営業を許可するというのが、条例の骨子だった。試験は国語・数学・社会の筆記、子どもの衛生・健康・安全の口頭、実技の三種類に分けられていた。この神奈川県条例が制定されたころ、GHQの内部では、これはGHQの取締りに代わって、日本の役所が直接統制に当たるものではないか、つまりSCAPIN（連合国軍最高司令官指令）六六号に違反するのではないか、との議論がなされた。たしかに条例制定はGHQの直接メディア統制の原則に反するものであった。しかし紙芝居屋への世論の風圧は、子どもの人気が高まるに比例して強まるばかりであり、その批判が間接的なGHQ批判につながるおそれが出てきた。さらには、そのころ、メディア検閲の中止自体がGHQ内部でスケジュールに上っていた。また条例制定は共産党の紙芝居利用を抑制できるとの計算もあったろう。実際、『アカハタ』四九年八月一八日付は「紙芝居に弾圧条例」との見出しで、条例が共産党の紙芝居活動の阻止も視野に入れていると批判している。このような理由でGHQはコードから条例への一部移行を黙認することになったと思われる。神奈川に続いて、四九年から五〇年にかけ、千葉（一九四九年六月三〇日公布）・大阪（一九五〇年八月一一日公布）などでも似たような条例が誕生した。

この条例制定を避けるべく、あるいは条例を業界に不利な内容に制定させぬために、四

図10　戦後の街頭紙芝居(1)「少年竜騎隊」
（1951年，大阪国際児童文学館蔵）

図11　戦後の街頭紙芝居(2)「幻の母」
(1953年，大阪国際児童文学館蔵)

九年六月に日本紙芝居協会は、ＣＩＥの職員を呼んで、民主主義・健康・交通安全・児童福祉・教育などの講義を会員に向け行った。また同じ年の一〇月一八日、紙芝居屋が東京都紙芝居審査会を結成し、業者自身の審査委員会を結成した。その委員会結成の目的は、

一、都下紙芝居業者の民主化の徹底。

二、紙芝居文化と紙芝居業者の資質向上をはかるため、内部の要請によって設けられたものである。

との相馬泰三委員長のことばに表現されている。そして委員会による認定証が発行された。東京都紙芝居審査委員会の結成は、東京都・警視庁など権力の業界規制を誘うような、神奈川県紙芝居業者条例に似た東京都の条例制定を回避することをねらっていた。それはビューロクラシーや権力を本能的に嫌い、自由な営業活動を志向する紙芝居屋の願望を表現していた。この認定制によって新人試験に合格したのは、受験者の半分くらいであったという（浅井清二『紙芝居屋さんどこ行った』）。

しかし認定制だけでは、なかなか業界の資質の改善、作品内容の向上につながらなかった。先に引用した『週刊朝日』の記事がそれを物語る。各紙誌による紙芝居屋批判の声は、

東京を中心に盛り上がるばかりである。権力はそれを煽って介入の口実をつくろうとした。認定証を持たない紙芝居屋が横行した。これらもぐり業者への作品の貸与は、貸元の売り上げ拡大につながっていたし、条例にみられるような罰則がなかったからである。認定制で合格した紙芝居屋はもぐり業者の増加を好まなかった。認定制は風前の灯となった。

そこで一九五一年一月九日、紙芝居倫理委員会が結成された。その規定には暴力・戦争否定、猟奇描写排除などが謳われていた。しかしこの規定がどの程度、浸透したかはわからない。

一九五二年春には日本子どもを守る会が結成され、街頭紙芝居の加太こうじ、永松健夫、松井光義などが浄化運動をすすめた。地方の業者にもその統制反対の運動に参加する者が出てきた（子どもの文化研究所他編『紙芝居』）。

実際の紙芝居屋の説明と子どもの反応

アメの不衛生、画のアクドサ、用語の卑猥、内容の俗悪という点で、児童への悪影響が叫ばれていたこの頃、『週刊朝日』の一記者が東京各地の紙芝居屋のセリフを採録して廻った。一九五〇年一一月一二日に出た記事のなかから二つばかり引用しておこう。

浅草の歓楽街に近い所で、二十七、八の男が、四―八歳の子供に、一円でアメ、二円でセンベイに付けたアメ、あるいはスルメなどを売っている。やがて十五人ばかりのお客に売り終り、ドドンと太鼓を叩く。と、子を抱いたおかみさん、子守りなどが近寄って来る。

さあ、始めよう、もう少し下がっておくれ。あ、そこの小さい子前へおいで。こっちだよ、こっち。ドンドン、ドドンドドン〝心の花びら〟第三十六巻であります。（ドドン）

やって来たのは、意地の悪そうなおじさんであります。マサ子の手を強く握ると「みなさん、これが泥棒だ。こいつが、この女が私たちの財布を盗んだんだ」「まあ、このやさしそうなおばさんが泥棒だなんて」「そんな悪いことをする人かしら」「これはこの旅館のおかみさんじゃないか。泥棒じゃないだろう」「いや、泥棒に違いはない。私がこの目で見たんだ」「ヘンだなア」「判らないわねえ」「さあ、早く警察に届けなければならない。だれか電話をかけてください」マサ子はジッと涙を呑んでいる。「あたしは泥棒にされてしまった。ああ、くやしい。だが、どうしてこの申し開きをしたらいいのか」

マサ子が思案に暮れている所へやがて警官がやって来たのであります。「ああ、何か泥棒が捕まったという電話でありましたが……」「こいつです。これが泥棒でありますす」「や、これはこの旅館のおかみさんじゃないか。どうしたんだね」「はい、わたくしは……」「こいつが私の財布を奪ったんです。すぐ捕まえて監獄へ入れてくださいい」「さあ、来い」マサ子はただちに引立てられていきます。可哀そうなマサ子は何も言えません。ただ泣いているばかりであります。

その姿を見たヨシ子さんは、思わず知らず前へ飛出すと「おじさん、待ってください。そのおばさんは悪い人じゃないんです。許してあげてください。お願いです」「何だ、何だ、子供のくせに。邪魔だから退け」あわれにもヨシ子さんは、振り払われて、その場へ倒れてしまいました。濡れ衣を着せられたマサ子はどうなるでありましょうか。そのマサ子を実の母とも知らずに庇おうとしたヨシ子さんの運命は……？

（タダで見ていたオトナたちは「かわいそうだねえ」などとささやくが、お客である子供たちは、アメだけが興味の中心で、話は判らない連中が多いらしい）

鳩の町とよばれる地域。人気のある紙芝居屋らしく、お客が多い。

たちまち五人の敵を射ち殺したピーター少年は、二丁のピストルを腰に納めると、馬の手綱を取る手もゆたかに、愛するメリーの家へ訪れました。「まあ、ピーターさん、よくいらっしゃいました」「メリーさん、あなたは何だか沈んでいますね。どうかしましたか」「いいえ。でも、心が浮き浮きしないんです」「そうですか」ピーヒョロヒョロ「あッ、大きなトンビが飛んで来た。よしッ、メリーさんの気を慰めるために、ボクがいまトンビをピストルで射ってお目にかけますよ」言うが早いか、ピーター少年は腰のピストルを取って、ポン、ポーン、見事にトンビはまっ逆さまに落ちて来た。メリーさんはそれを見てニッコリ笑ったのでありました。

(「チャンバラやってよ、おじさん」と声が掛った。と、あっちからも「股旅物がいいわよ」こっちからも「凄いのやってえ」と叫ぶ)では、お好みによりまして〝おひさ月夜〟……。(拍手が起る)

山のカラスの鳴く音を聞けば、男恋しと泣いている。かなたの山に月明り。おひさはただ茫然と、山の端にかかる月をば眺めていた。やがてそこへ現われた男。「おう、姐御、どうなさいやしたんで」「うるさいねえ」「こんな所においでなすっちゃ、おカゼをひきますよ」「何を言うんだい、うるさいね。ほっといとくれ」「だって姐御、早く帰って今夜忍びこむ手筈を決めなきゃ、いけねえじゃございませんか」「うるさいッたら。しばらくほっといとくれよ」「さあ、そんなことを言ってねえで、早くいきましょう」と言いながら近寄った子分の松太郎。ヒョイッとおひさが振返って見ると、もう目が血走っている。「何んだい、松、どうしたのさ」「いえ、何でもござんせんが、ねえ、姐御、いいじゃァござんせんか。あっしももう年頃、姐御の所に七年半、このごろじゃァすっかり男に育てていただいて……」「それがどうしたんだい」「あっしは姐御が好きなんでござんす」しつこく絡む松太郎。「うるさいわねッ」パッと身を返したおひさの右手に、キラリひらめいたドス、ワーッとのけぞる子分の松太郎。「可哀相だが仕方がない、あたしァ大望のある身なんだ」と、片手拝みにおひさは行く……。

現場の街頭紙芝居屋も世論を気にして、かつてよりは上品・温和になってきたようである。

取締りと街頭紙芝居の「浄化」

紙芝居屋の活動は時の権力の都合で規制された。最初は一九三八年の警視庁の通達で、「残忍」「猟奇」な内容がチェックされた。これは「猫娘」にみられるエログロの街頭紙芝居を対象にしたものである。これによって自由奔放な発想による創作、子どもの好奇心に極端に迎合した作品は少なくなり、結果として子どもの紙芝居離れにつながった。

占領初期のGHQの封建的・軍国的な作品の没収・公表禁止は、奔放な内容の劇画の産出を抑圧した。またGHQは検印のない紙芝居の上演を禁じ、にせの検印をつくって使っていた大阪の紙芝居屋を軍事裁判で有罪に処した。そのためGHQは街頭・印刷いずれの系譜の紙芝居をも事前検閲によって取り締まったが、戦前・戦中の作品のチェックが一応終了すると、エログロ作品の上演には戦前の日本政府とはちがって自由放任とした。しかしGHQは冷戦の進行に合わせ、共産党や左翼勢力の印刷紙芝居に厳しい取締りを行うようになった。社会主義やソ連を賛美する紙芝居は、事前検閲で公表禁止になったし、検閲パスの作品でも、左翼的な作品の組織的な上演には厳しい目を光らせ、取締り・介入のチャンスをねらっていた。

街頭紙芝居は、戦争ものの没収後は、戦前以上に自由な活動が与えられた。業界幹部へのGHQ権力への迎合・すり寄りが見られたことはたしかであるが、GHQ側も街頭紙芝居には左翼イデオロギーがないと見なして、その荒唐無稽な内容やエログロを大目に見た。

しかしGHQが左翼紙芝居屋の取締りに当たっていた頃、日本人の世論、ジャーナリズムの街頭紙芝居批判が急激に高まった。下品な言葉を使い、不衛生な手でアメを売る紙芝居屋が、威嚇、卑わいな内容の作品を子どもに売ることへの批判は、神奈川・千葉・大阪などの府県に取締条例を公布させることになった。試験制度を導入し、学科試験に合格した者のみの営業を許すことになった。条例は日本政府によるメディア取締りを許さぬというGHQの基本政策に矛盾するものであったが、GHQも見て見ぬふりをしたのは、業界に目に余る行為があると認識していたからであろう。

大手紙芝居貸元が集中し、紙芝居屋も多い東京では、業界団体が東京都紙芝居審査会を自主的に結成したり、紙芝居倫理規定を設けて、権力の直接介入を避けようと努めた。また業界による審査も行われた。

自主規制にせよ、条例施行にせよ、全国各地で街頭紙芝居への権力の介入が増えたこと、そして業界もそれに対応して貸元を中心に真剣に作品内容の改善を図ったことはたしかである。その努力を評価しないわけではない。しかしその動きが、紙芝居の生命ともいえる自由奔放な作品の産出を阻害し、子どもの紙芝居離れ、業界の縮小再生産を加速させた。「山手は一ばんお上品みたいですが、下町の威勢のいい子供達にお上品な言葉でやっていると子供達はついて来ません」（『紙芝居』一九四八年七月号）と紙芝居屋が語っている。条例制定後の一九五〇年代には紙芝居史上に残る街頭ものの名作、ヒット作は見当たらない。また粗製濫造の作品は行儀がよすぎた。条例と無理な自主規制が紙芝居をつぶした。稲庭桂子ら印刷紙芝居のリーダーは街頭紙芝居攻撃では世論と終始連携した。「浄化運動というけれど、稲庭さん、それは自分で自分の片腕を切り落とせというのと同じですからねえ」といったのは、永松健夫（黄金バットを最初に描いた画家）であった（前掲『紙芝居』）。〝やはり野における紙芝居〟である。

街頭紙芝居と印刷紙芝居

一九三〇年代前半、福音紙芝居や教育紙芝居の創始者は、街頭紙芝居への子ども人気、メディアとしての紙芝居の影響力や感化力に驚き、それを印刷複製し、利用することによって、自己の目的を達成しようとした。街頭紙芝居の威力を評価しつつ、一方でその低俗な内容を批判した。たしかにかれらは街頭の人びとよりも高い教育と広い視野をもっていた。かれらは山手に住み、山手の世論を代弁した街頭紙芝居攻撃に走った。街頭紙芝居の欠陥を克服したハイブラウな作品で、紙芝居の良さをより広範囲に生かそうと努めた。

しかし福音紙芝居にしても、教育紙芝居にしても、独立した経営を行えるだけの独自の市場を開拓するのに成功しなかった。そこで印刷紙芝居の関係者は権力と資力をもつファシズムに接近し、学校・職域・常会・軍隊さらには植民地・占領地の人びとへのプロパガンダのメディアとして活用されるようになった。印刷紙芝居は国策紙芝居・軍国紙芝居として幅広い市場を見出したのである。

街頭紙芝居の担い手にとっては、この印刷紙芝居の動きは当初、無縁の存在であった。かれらは子ども相手に手描きの紙芝居のシステムを守りつつ、アメ売りで自ら生計をたてていた。「乞食紙芝居屋」「一銭紙芝居屋」と社会的に蔑視されながらも、子どもの支援を支えにしぶとく生き延びようとした。しかし画家・作家ともに、国策紙芝居からの誘惑には抵抗できなかった。かれらは印刷紙芝居と協力することで糊口をしのぎえた。さらに貸元でさえも、同じ事情で印刷紙芝居の発行を行うところもあらわれた。

戦時期においては、印刷紙芝居の勢力が強かったが、戦後の一〇年間ほどは街頭紙芝居の方が子どもの圧倒的な支持をえて隆盛をきわめた。紙不足、印刷工場焼失によって、印刷紙芝居の復興に時間がかかった。一方、街頭紙芝居は紙や絵具不足にさほど苦しむことはなく、手描きの制作を続けることができた。市場には、失業中のアマが多数入ってきて、空前の街頭紙芝居時代を盛りあげた。

戦争末期に少国民文化協会の傘下に街頭・印刷紙芝居業者が入ったが、末端の組織は別々であった。戦後はＧＨＱの圧力で戦犯免罪と引きかえに、双方の業界が日本紙芝居協会に大同団結させられた。そのリーダーの佐木秋夫が街頭紙芝居と印刷紙芝居は業界の両輪と述べていたのは、ＧＨＱの方針を代弁していた。戦前・戦中に制作された作品の検閲・没収作業が一段落すると、ＧＨＱは二つの業界の結束にはさほど関心をいだかなくなった。

ＧＨＱは左翼紙芝居の台頭の方に次第に注視する。検閲体制が整備された頃に、ＧＨＱが音頭をとって団結した業界が、皮肉にも反ＧＨＱの方向に転換しはじめた。ＧＨＱの検閲方針に心ならずも従い、渋々と業界の団結を図っていた業界リーダーが、左翼紙芝居の活動には積極的に協力し合うようになった。民主紙芝居集団の結成がそれである。検閲不合格による公表禁止、一部削除による合格といった作品は検閲提出作品全体のなかではごく少なかったが、左翼的な作品で目立っていた。それらは印刷紙芝居作家の稲庭桂子作、街頭紙芝居画家の加太こうじ絵の「働くものの国」に代表されるようなソ連賛美の作品が多かった。かれらの所属する民主紙芝居集団の動向がＧＨＱ検閲当局をいらだたせた。

しかし左翼紙芝居は台頭したものの一時的で、一九五〇年の朝鮮戦争勃発による共産党弾圧で衰退したため、長期的な活動はなしえなかった。そして左翼紙芝居が衰退する頃に、紙不足解消・印刷工場復興で、印刷紙芝居が教育紙芝居として力を盛り返した。一九五八年の学校カリキュラム改正による紙芝居教材の使用中止までの時期、印刷紙芝居ははじめて営業的に自立したのである。

一方、街頭紙芝居は一九五〇年代後半まで繁栄した。一九五三年のテレビ、とくに街頭テレビの出現は街頭紙芝居に脅威を与えたが、業界ではそれを深刻と考えぬほどに戦後のブームの力が残っていた。業界で直接的な脅威だったのは地方自治体の条例制定であった。街頭紙芝居への批判は強かったし、業界の良心派には論理的に肯定せざるをえない批判であったので、条例の遵守、業界倫理委員会の制定で対処した。しかし業界では業界主流派の動きに同調しない貸元が多く、一匹オオカミの紙芝居屋には条例未認定の作品を公然と上演する者が多かった。そして業界が倫理問題で混乱し、低俗な内容の改善に努めているうちに、作品そのものが子どもの関心を引かなくなっていった。条例の尊重は角をためて牛を殺すことになったのである。その間にテレビが街頭紙芝居のもっていた野性的な作品を放送しはじめると、見るのにアメを買わなければならない紙芝居は子どもからソッポをむかれることとなった。

この世間お騒がせの街頭メディアの消滅は、世論の紙芝居への関心を低下させ、市場規模を縮小させた。一人残った印刷紙芝居にも街頭紙芝居の消滅が打撃となった。両輪の一方が欠けた業界は間もなくじり貧状態になったのである。

紙芝居からテレビへ

街頭紙芝居の広告メディア化の動き

一九三八年、日本画劇株式会社が誕生した際、明治、グリコの出資が見られた。また、森永が独自で紙芝居会社を設立した。これらの食品会社は貸元への出資・支配を通じて、食品の売上ルートを確保し、アメ市場でのブランドのシェア拡大を図っていた。また別の資料では、松竹や森永が紙芝居を広告メディアに仕立てて、子どもをターゲットとした広告活動を行う動きがあったようである。しかしこの動きは世論の反発があって中止となったという。台湾でのラジオ放送で一九三二年にCM放送がなされたにもかかわらず、新聞資本の反対で六ヵ月で中止となった事例がある。また政府は日本放送協会でのＣＭ放送を排除してきた。このように広告メディアの誕生にはきびしい状況があった戦前、紙芝居が広告メディアとして一部に注目されていたことは興味深い。

戦後の紙芝居の世界でも、その動きがなかったわけではない。次のＧＨＱ資料は、紙芝居が活況を呈したＰＰＢのピクトリア課の一九四九年三月一〇日付のメモである（CIS-772, 993)。

1、新しい広告ビジネスが紙芝居業界に生まれた。横浜市港北区日吉町三一二　福田テツオが五万円の資本で移動劇画広告社を設立した。

2、この新しい紙芝居は、物語を演じるタイプではない。この紙芝居は作品の表に各種の会社の広告の絵を描き、裏に広告文を記載する。たとえば届出たものを見ると、この作品は昇仙閣ホテルのスケッチと道路マップをのせている。各カードは別々の会社をのせているが、一セットは十から十二のカードから成り立っている。本課で受理。

3、福田は画家で、ときどき児童芸能社や全優社の紙芝居を描いてきた。現在、かれはフリーのデザイナーで、有名な『スタイル』誌にもドレスデザインをのせている。かれは自分でポスターを描き、一日二百円で二人の高校生を雇って、その紙芝居を見せる計画である。広告紙芝居は劇場、鉄道駅前やバス、市電のターミナルで公開されよう。

4、アルファベットの〝ＩＫ〟がこの新会社の略号となる。

ＧＨＱはこの広告社の設立に異論があろうはずがなかった。ただこの紙芝居を広告メディアとして使った会社がどの程度存続したかはわからない。ＧＨＱ資料には、広告メディアとしての紙芝居に関連したものは他に見あたらない。ともかく、物語ではなく、広告のみの絵、イラストとコピーをのせたアイディアは戦前にはなかったし、戦後もこれが最初ではなかったろうか。この福田なる画家がメディアとしての紙芝居に注目したのである。福田は全優社という印刷紙芝居にかかわっていたので、印刷による広告紙芝居活動に展開しようとしたらしい。つまりマスを志向した広告メディアの開発を試みたといえよう。

この資料は紙芝居と民放テレビとが広告という観点からみて、連続線上にあることを示唆している。紙芝居に接触することが日常茶飯事となっている都会人に新メディアの開発を訴求する。街頭紙芝居と形態がまったく同じテレビ、とくに街頭テレビに広告メディアとしての可能性があることを確信したのは、正力松太郎であった。

街頭紙芝居と街頭テレビ

一九五三年八月二八日、日本テレビ放送網（ＮＴＶ）がＮＨＫに遅れること半年で開局した。ＮＨＫはラジオの受信料で悠々と経営できるのに対し、ＮＴＶは広告収入で経営を維持しなければならなかった。ところがＮＴＶはわずか八六六件の受信契約数からスタートするので、スポンサーはＮＴＶの広告媒体価値を評価せず、広告収入は期待できないというのが常識であった。

「街頭の皆さん！　押し合わないように願います。危ないところに上がらないでください……」――正力社長の脳裏にひらめいた〝街頭テレビ〟の着想は、見事にヒットした。テレビの人気は、街頭テレビによって爆発し、頂点に達した。東京・新宿区新宿サービスセンター前では、大群衆のため都電が止められ、ガラスが割れ、街路樹に登って見ていた人が落ちるという混乱が起こった。（中略）プロ野球、プロボクシング、プロレスリング、大相撲などの中継のときには、一台に八〇〇〇人から一万人の大群衆が詰めかけ、付近の交通は完全にストップし、整理に当たる警官がついにその任務をあきらめ、群衆ともども街頭テレビをながめるという光景が生まれた。街頭の群衆は、川が流れるように絶えず流動する。したがって、一日の延べ人員から推量すると、おびただしい視聴者が突如として出現したことになる。昭和三十年一月二十三日の大相撲初場所千秋楽中継のときには、延べ四三五万人近い視聴者（調査台数一六一）が動員された。（NTV編『大衆とともに二五年』一九七八年）

このNTVの社史が示しているように、正力関連の文献では、正力が街頭テレビを設置するアイディアを思いついたと記している。一方、アメリカの技師のアイディアだという説もある（柴田秀利『戦後マスコミ回遊記』中央公論社、一九八五年）。その真偽はともかく、当時、NTVの営業課長だった野地二見は、筆者にこう語っている。

野地　街頭テレビは正力さんの発想ということになっていますが、本当のところは誰が発想したかわからないのです。ただ、言えることは街頭にテレビを設置して何千人もの人を集めることは、正力さんだからできたといえます。昭和二十八年当時、終戦から八年しか経っていない、この頃の社会はまだ騒然としており、街頭に何千人もの人を集めることは警察が認めるはずがなかったのです。それができたのは、正力さんが警察畑出身だったからです。都内の警察署長のほとんどは正力さんの息のかかった人だったし、秘書を務めていたのが、元刑事だったんです。

また、街頭テレビの設置を推進したのは事業部でしたが、その部長は警視庁出身の橋本道淳さん。この方は後に読売新聞社の事業本部長、常務、専務を務めています。

いろいろな文献には、街頭テレビについて正力さんの発案だ、いや誰か正力さんに入れ知恵をした人がいるといった話が書かれていますが、私にいわせれば、そうした論議はあまり意味がないと思います。重要なことは、街頭テレビが実現したのは正力さんがいて、警察の協力があったからだということです。

警察はデモやお祭りの際の人出を発表するように、毎日街頭テレビに何人の人が集まったか調べて発表していたし、日本テレビの社員も手分けして調べて回り、レポートを報告していた。正力さんはそうした情報を集め、警察調べ何人、日本テレビ調べ何人といった形で発表させ、広告主獲得の有力な手立てにしていたのです。

また、街頭に設置した大型受信機はすべて米国製であり、それらを買う外貨を手当てすることが当時としてはなかなか難しく、これを可能にしたのも正力さんの政治力だったといえましょう。（『日経広告研究所報』一九九五年六月号）

警察関係者への発言力・影響力をもつ正力だったからこそ、設置にあたって警察に文句をいわせないどころか、協力させたことはたしかである。この街頭テレビは当初は二七インチあるいは二一インチで、新橋・渋谷・新宿などの駅前広場、東京駅・京浜急行横浜駅などの駅構内、日比谷公園（図12）、上野公園などの公園、繁華街、逗子・八王子・水戸などの駅前、四十数ヵ所に置かれた（『毎日新聞』一九五三年八月二三日）。一日一〇万人が見ているとの記事がある（『毎日新聞』一九五三年一〇月二日付夕刊）。ほとんどが山手に設置されていた。このような場所には、街頭紙芝居屋は来ていなかった。当時の写真を見ると、通勤サラリーマンの男性が多い。そのひしめく数千の群衆のなかで、子どもが遠くからテレビを見ることは難しかった。街頭紙芝居は近所の顔見知りの人と見る仲間集団のメディアであったのに対し、街頭テレビは相互に匿名の群衆の視聴するメディアであったといえる。その群衆はいつ暴徒に変化するか警察はやきもきしていた。当時は内灘米軍試射場反対闘争、スト規制法抗議ストなどで国内は騒然としていた。だが正力は、かれ一流の大衆の欲望を把握する直観力で、テレビ視聴は大衆の不満を吸収し、社会不安を除去する機能をもつことを認識していたと思われる。ひょっとしたら、かれはＧＨＱや日本政府にその機能を説明し、早期開局を働きかけていたかもしれない。

図12　街頭テレビ（1953年８月，毎日新聞社提供）
日比谷公園に設置された街頭テレビ第１号

当時のテレビの受像機はアメリカ製一七インチもので二五万円もしたが、一般のサラリーマンの給与は二万円程度であった。そこで人びとは街頭テレビや飲食店・喫茶店などにテレビを見に出かけた。子どもは隣近所で購入したテレビを視聴するようになった。街頭テレビを見た子ども仲間が、近所の初期購入家庭を訪ねはじめた。大人が駅前テレビで力道山に熱狂したように、子どもらの人気トップの番組も力道山の出るプロレスであった。ショーがやらせとわかっていても、大人も子どもも力道山のアメリカ人レスラーノックアウトに拍手喝采し、溜飲を下げた。力道山は紙芝居の劇画の英雄を連想させる。かれはまさに黄金バットだった。正力は興行師的な感覚でプロレス↕街頭テレビ↕視聴者の連関性を見ぬき、受信機不足↕広告収入不足の常識を見事に打ち破ることができたのである。

正力が街頭テレビ設置を強力に推進させるとき、かれの念頭に街頭紙芝居があったかどうかはわからない。ともかく、かれがA級戦犯容疑で収容されていた巣鴨拘置所から釈放された一九四七年九月から、テレビ局構想を画策しはじめる一九五〇年あたりが、街頭紙芝居人気のピーク時であった。公職追放で収入がなく、列車の三等車や路面電車で東京を動きまわり、社会復権への野心を秘めたかれのぎらぎらした目に、街頭紙芝居の姿が印象深く映ったことは容易に想像できる。紙芝居に対しメディア経営者として、そして元高級警察官僚としての鋭い目が注がれていたと思われる。

なお一九五五年にTBSテレビが、東京の二番目の民放テレビ局として開局した際、TBSも街頭テレビを数十台東京周辺に設置した。この設置台数を当初、TBSが七九台と発表したところ、NTVは同局の調査で三〇台にすぎないと反論した（大場格之介『民放創生期の風濤』放送ジャーナル社、一九七一年）。その設置台数の正確な数はつかめないが、各局の設置競争も街頭紙芝居に大きな影響を与えたことはたしかである。

消費のメディア

NTVの開局初日、アナウンサーは緊張のあまり、森永製菓と呼ぶべきところを〝明治製菓の提供です〟とまちがえた。この二つの有力製菓会社は戦前も紙芝居業界に資本進出し、紙芝居を宣伝メディアとして活用しようと試みていた。そして創業早々の民放テレビのスポンサーとして名乗り出た。これは街頭紙芝居にとって強敵があらわれたことを物語っている。

街頭紙芝居は底辺の階層の子どもに、アメ買いによる一銭支出の習慣をはじめてつけさせた。安価・低質の商品とはいえ、一度消費の喜びを味わった子どもは年齢を重ねるごとに、そして所得が増えるに比例して、消費を拡大させた。テレビは〝買い食い見る〟という紙芝居の伝統を引き継ぎ、子どもの消費文化ばかりか大衆消費社会を浸透させることとなる。紙芝居は何度か広告メディアとして成長する可能性はあったのだが、メディア側にも広告主側にもその成長を促す要因が未熟であった。テレビが消費文化としての紙芝居文化の未発のメディア的側面を継承し、発展させたのである。紙芝居は直接的に、民放テレビは間接的に子どもに視聴料を負担させた。直接・間接の違いはあるが、その基盤は共通していたといえよう。

長谷川町子の鋭い観察

『朝日新聞』一九五三年五月二〇日付朝刊の「サザエさん」に次のような描写がある。カツオが電器屋の店頭の人だかりを見て、親父さんをテレビ見物に誘う。当時はＮＴＶ開局前で、ＮＨＫだけが放送していた。その目玉は相撲中継だった。テレビの相撲画面に見入っていた所へ、客の来なくなった紙芝居屋がアメを売りに来る。しかしカツオたちはちょっと振り向くだけである。この紙芝居屋はおそらくアメの販売もできずに、寂しく去って行ったと思われる。当時紙芝居業界でテレビに脅威を抱く人は少なかった。街頭テレビの出現時に、作者長谷川町子は紙芝居の行方を捉えていたといえよう。

長谷川町子だけではない。子どもがテレビに走ったために、紙芝居は消滅した、と多くの論者は述べる。たしかに子どもの遊び時間のうちの紙芝居への接触時間を、テレビが奪ったために、紙芝居人口は急減した。

オーディエンスの位相差

形態・送り手の類似性、さらには受け手の継続性において、二つのメディアには類縁関係がある。しかしそれで議論が完結してしまっては、紙芝居のメディアとしての全体像の把握に失敗してしまう。

テレビのオーディエンスはあらゆる階層・地域に広がっている点で、都市の子どもを中心とした紙芝居のそれに比べて膨大である。紙芝居には、主婦や大人のオーディエンスもいるにはいたが、その比率は低かった。テレビは街頭テレビで都市の大人、家庭視聴で子どもを捉えてはなさなかった。

しかしテレビには、紙芝居に見られた送り手と受け手の一体感が欠如していた。紙芝居はオーディエンスの興味・関心が敏感に反映できるミニ・メディアである。紙芝居屋は子どもの反応を見ながら、説明に工夫をほどこした。子どもがわかりにくい態度を示していれば、説明を詳しく行った。つまらなさそうな表情が子どもから読みとれれば、面白おかしい説明を加えねばならなかった。子どもの評価は厳しかった。面白くない絵や説明を示す紙芝居屋には、翌日からアメを買わない。紙芝居屋にとって、一本一本、一日一日が勝負であったのである。視聴率の結果が翌日判明するメディアである点では、今日のテレビと似ていたが、その数字は個人業者たる紙芝居屋の生計を左右した点で、今日の巨大テレビ産業のディレクターやタレントよりも深刻であった。

このように紙芝居は受け手の反応が短時間に計測できるメディアであった。つまり双方向性が鋭く往き交うメディアであった。ぎりぎりの小づかい銭の効用を最大限に効率的に享受せねばならない子どもは、面白い紙芝居のみを選択したのである。

紙芝居と日本社会

メディア史上での紙芝居

林屋辰三郎、梅棹忠夫、多田道太郎、加藤秀俊の討議をまとめた「大衆娯楽の秘密―紙芝居」という『朝日新聞』一九六一年六月七日付の記事は、紙芝居を日本の視聴覚文化史のなかに次のように要領よくまとめている。

紙芝居＝絵説き説

紙芝居の出現に即していうならトーキーに追われて新しく就職した活弁が絵説きにあたるといってよかろう。しかもこの活弁が日本独特の産物である。外国から無声映画がはいってきたとき画面と画面の間にはいる英語の会話や説明文が一般の日本人にはわからなかったため、日本語で解説を加える活弁の存在が必要になり、やがて独特の活弁口調なるものを生み出してゆく、画面を見ながら説明を聞く―これは紙芝居と同じだ。アメリカでは活弁は不要で、画面を見、次に説明文を読むという。

絵を見ながら話を聞くという姿勢は、絵巻物以来の伝統としてあり、のぞきからくり・うつし絵を経て、無声映画の活弁でみのり、やがて紙芝居を生み、ついに今日のテレビ時代を迎えることになる。つまり日本の視聴覚文化に絶えざる連続性があり、紙芝居もこの線上でとらえてこそ正しい位置づけができるわけで、その延長線にテレビがあるのだから、世界中で一ばんテレビ文化の出現を待望していたのは日本人だったといえるのではないか。現在のテレビの隆盛ぶりも、故なしとしない。

中世の絵巻物に紙芝居の源流を求めた点は独創的とはいえるが、のぞきからくり・写絵については、『紙芝居精義』などの通説をとり入れている。日本しかなかったといわれる映画の活動弁士（活弁）を絵巻物を説明する人物の絵説き、さらには紙芝居屋と同じ位置づけとしている点もさすがである。そしてテレビを紙芝居の延長線上に位置づけ、絵巻物から来た日本の視聴覚文化史の現在の終点と見なしている。

なおこの討議に加わった加藤秀俊は『見せ物からテレビへ』のなかで、より多角的にこの命題を深めている。

しかしこのような視点はメディアの形態から見たものである。紙芝居の枠組とテレビのサイズが似ていて、テレビはまさに電気紙芝居という考えと共通している。また絵説き↓活弁↓紙芝居屋↓テレビタレントという連続説は、送り手からみた共通点を表面的にとりあげたものにすぎない。

これらの視聴覚メディアの作品＝リストの問題やそれを享受した、観客つまりオーディエンスの視点が欠如した議論といっていいすぎでなかろう。

紙芝居屋＝行商人説

先に紙芝居屋の先祖が絵説きであったという説を紹介した。それは形態から見ての表面的な類似性を見たものにすぎない。それよりも紙芝居屋は富山の薬売りに代表される行商人に源流があったのではないか。かれらは薬や小間物を販売するために全国を巡回していた。かれらは他郷の情報を村人に面白おかしくしゃべることによって、外界の情報への渇望を満たしていた。昔話にあきていた共同体の人びとは、かれらが伝えてくれる情報を歓迎し、そのサービスへの代償として、かれらの持参の商品を購入した。かれらの話術は巧みすぎて、マユツバもの、ヤラセを思わせたが、それでも村人は歓迎した。

また行商人は他郷の錦絵や浮世絵、たまにはかわら版を持参することもあった。村人はますます興味深くかれらの話に聴き耳をたてた。そしてかれらはその話がウソや誇張でないことを示し、村人の不信感をやわらげさせるのに成功した。その結果、いっそう商売は順調に進んだ。

他郷の情報に強い好奇心をいだく田舎の人びとは、たまに訪ねてくる「世間師」の話に耳をそばだて、その情報を聞きもらさないほど熱心であった。「世間師」の側でも、その期待に応えるべく、ジェスチャーを加えて、巧みに語りあかした。また人びとを笑わせたり、感動させたりする話芸のコツを経験的に修得していた。話芸は、なかでも行脚僧など宗教関係者が卓越していたという（関山和夫『説教の歴史』岩波書店、一九七八年）。かれらは、他郷から新しい情報を運ぶ対価として、商品を売ったり、一宿一飯のサービスを得られることを知っているだけに、共同体の人びとに満足感を与える情報提供活動に懸命となった。

しかし「世間師」には、定住者の側から階層や出身地の点で卑賤視されがちな出身の人が多かった。つまり、どこの馬の骨ともわからないという漂泊者への身分的な差別感があった。さらにかれらの担う情報への不信感もあった。それはとかくマユツバものだと受けとめられた。だから巧みな話術から、ヤラセ的な作り話やウソを見抜く聴き手も少なくなかった。口がうますぎるので、ウサン臭さをぬぐえない。このように身分的な差別感と情報への不信感が、定住者の方の根底にあった（山本武利『新聞記者の誕生』新曜社、一九九〇年）。

この行商人の伝統が紙芝居屋にも受け継がれたと見てよかろう。行商人のもってきた商品にあたるものが、紙芝居屋にとってはアメであり、行商人持参の他郷の情報や錦絵が、紙芝居屋の絵に相当した。

なお、料理をとりながら見物をする習慣は芝居・相撲などに普遍的であった。アメを買った後で、アメをなめつつ紙芝居を見る習慣がすぐに形成されたのも、この伝統から来ている。

加太こうじによると、立絵時代の紙芝居屋は、テキ屋つまり露天商の親分にサカズキをもらって子分になった。しかし昭和初期に同業者が増加したので、縁日祭礼だけの商売では生活が成り立たなくなった。そこでテキ屋の縄張り外の、空地や街角で商売を縁日祭礼の日以外でも営業しようとした。すると、テント小屋を張れないので、見料がとれない。「それなら、見料の代わりに飴を売ろうということになった。七十人ほどの紙芝居屋が結束して、親分に生活苦をうったえ、自由営業をするためにサカズキを返すというと、親分のほうもみとめた。以後紙芝居屋は街頭等で演じられるようになった」（『紙芝居昭和史』）。

紙芝居屋＝アメ売人起源説

紙芝居屋とアメとの関係の起源について、加太説以上に詳細なものはない。立絵から平絵へ紙芝居屋が進化するとともに、アメは紙芝居屋につきものとなった。加太によれば、初期の頃、アメは七本一銭で仕入れて、一本一銭で売ったという。

テキヤにサカズキを返したというものの、紙芝居の絵を作る者、それを借りて紙芝居をやって生活する者のあいだには、テキヤ組織に似た先輩後輩の関係や、テキヤが商品をおろす仕組みに似た紙芝居の絵の配給制度、飴の卸売り制度があった。テキヤ組織からまなんで、紙芝居の親方になった者が、そういう仕組みを作ったのである。

（『紙芝居昭和史』）

紙芝居屋には、直接アメ屋から仕入れる資力や信用、さらには才覚が欠けていた。とくに子どもが好む粗悪なアメを極端な安価で仕入れることが不可欠であったが、アメ屋の方が強い立場で紙芝居屋を支配しがちとなり、弱小で不慣れな紙芝居屋が出る幕ではますますなくなった。そこで画家と作家に紙芝居の絵を制作させる貸元は、現代風にいえばプロダクションに相当したが、同時にアメの仕入れ元つまり卸商ともなった。そして、絵とアメさらには自転車をも紙芝居屋に貸し与える貸元は、テキヤの親方のような存在となっていたらしい。アメを売って絵を見せる街頭紙芝居屋は、アメの売人のイメージが誕生期から強かった。アメを売ってから絵を見せるかれらが、アメ売り商人と見なされたのも当然と思われる。ただ専門的な技能の必要だった立絵時代の紙芝居屋には、プロの芸人のような人物が目立っていたので、アメ売人とのイメージは少なかったが、失業者の素人が容易に扱える平絵時代となると、営業の姿勢が次第に露骨となり、紙芝居屋＝アメ売人と見られてきた。

なお平絵時代が進むと、加太説にあったように、昭和初期から街頭紙芝居のテキ屋離れは次第に進んで行ったことはたしかである。自由に営業場所を求める紙芝居屋の動きに対するテキ屋の親方、あるいは暴力団のショバ代の請求を示す資料はない。貸元のテキ屋的慣行も薄らいで行ったようである。紙芝居屋同士の営業場所をめぐる口論はあったようだが、テキ屋親方や貸元がそれに介入することはなかったようである。暴力団も子どもの世界での微々たる商売には、介入する意欲が湧かなかったのかもしれない。

下町のメディア

下町の子どもは一銭の小遣いを持って、アメを買うために、そして紙芝居を見るために、紙芝居屋のいる狭い路地・公園・焼跡などに集まった。子どもたちのいる家は棟割長屋で狭く、落ち着いて読書する空間はなかった。日雇人や車引きなど底辺労働者の親は低所得で、忙しくて子どもにかまうことはできなかった。この下町のドブ板、バラックの密集空間が、安価で庶民性のあるメディアを誕生させ、育成させた温床である。『東京毎夕』や『都新聞』が一部に購読されるというような文化的環境であった。

下町のメディアとしての紙芝居は、下町に貸元・画家・作家、そして紙芝居屋を集めて誕生し、不況の全国化とともに山手、そして全国へとネットワークを拡充した。しかし戦時景気が紙芝居屋を他業種に流出させ、他の地域で衰退した日中戦争以降も、下町では街頭紙芝居が命脈を保っていた。戦災そして敗戦は、全国の空間を下町化した。そこで全国的に紙芝居業が叢生したが、やはりメッカは下町であった。全国に配給網をもつ有力な貸元は、戦前からの下町の〝老舗〟であった。印刷紙芝居が銀座・神田といった出版界のメッカに身を寄せたのに対し、街頭紙芝居屋は下町に相変わらずの金城湯池を維持していたのである。

紙芝居の手法―佐藤春夫の指摘

漫画家の白土三平や水木しげるは、街頭紙芝居の手法を引きついだ。人物・場の全体像を描写する俯瞰、人物の顔、目などの一部を大きく描写するクローズアップは紙芝居よりも映画の手法であろう。しかし画面を抜いたり、差し込むスピードに対応した場の表現などが、紙芝居とくに街頭紙芝居が開発した手法といわれる。また観客と演じ手の対面と、両者が言葉や動作で相互に行う作品への参加と、それにともなう共感の演出の手法は、紙芝居独自のものといってよい（まついのりこ『紙芝居共感のよろこび』童心社、一九九八年）。つまりコミュニケーションの双方向の手法である。数少ない場面に起承転結をつけ、次回に期待をつながせる手法は紙芝居独特とはいえないが、制作者がいつも心がけるものであった。さらに数少ない予算で制作せねばならない紙芝居は、経済的に見合う最大限の場面数設定で物語を完結させる手法の開発を促した。

佐藤春夫は『紙芝居』一九四八年七月号（復刊第四号）で「紙芝居の魅力」を論じている（この文章は『佐藤春夫全集』第十巻所収の著作目録に記載されていない）。

紙芝居といふものは面白いもので、子供たちがよろこぶ筈である。あの楽しさはなかなか厭きまい。むかし我々の子供のころ幻灯といふものがあつて、我々を喜ばせたるものであつた。それ以前には人形芝居といふものがひろく喜ばれたばかりか、ゲーテや近松、アナトオルフランスのやうなおとなのなかのおとなを喜ばせてゐたものらしいが。紙芝居は人形芝居や幻灯に似て、それよりも更に面白いもののやうに思はれる。それ程結構な紙芝居の魅力は何であらうか。あのごく素朴なといふよりも全く原始的に種も仕掛けもなく必要以外の一切のものを出来るだけ省き必要なものすらなるべく簡略にしてしまつてもうこれ以上には無駄を去ることが出来ないといふところまで追ひつめてゐるあの方法あの構造のせいではあるまいか。あの面白さあの味ひといふものは飽きようにも飽きられないほどに単純で一度その要求を感じ、それを味つた以上は全くこれに憑かれてしまふ性質のものである。云はば渇いた時に山の中で清い泉から飲むやうな喜ばしさとでも云ふのであらうか。お茶にもなくお酒にもなく、その外のどんな飲みものにもまさるいつまでも飽きない味のあの水の有難さと同じやうな類のものであらう。この本来の性質に鑑みて紙芝居の物語も画も出来るかぎり素朴で味ひにまじりけのないあつさりと原始的な趣のものであるべきではあるまいか。なかに教訓のあるのはもとより無邪気な面白さをさへあまり強調してはならないのであらう。その製作はわけなく見えてなかなかむづかしい筈である。

紙芝居は方法・構造の「簡略さ」、内容の「素朴さ」を極限にまで追求したことに魅力があると、佐藤春夫は評価したのである。立絵といわれた紙人形や幻灯に似た写し絵にないハード面での「簡略さ」が素人の送り手への参加障壁をなくしたし、それから来る接触の安価さや自由奔放の内容、原始的「素朴さ」が紙芝居のオーディエンスを拡大させた。そして数少ない画面に凝縮されたソフトは、能・歌舞伎に見られる受け手の参加を要請した。マクルーハン流にいえば、紙芝居屋による言語的説明はその低精細度を補完したが、基本的には、そのメディア空間への受け手の参加を要請するメディア（クールなメディア）であったことはたしかである。紙芝居は単純なソフトで子どもの参加を可能にし、熱中させるのに成功した。

だが、街頭紙芝居は下町のワンパク坊主、ガキのメディアであったので、「教訓」ものの導入は、条例制定後顕著となったが、それは業界の自殺行為であった。「原始的な趣」の排除は自滅行為であった。それは同じクールなメディアとして競合関係に入ったテレビに市場を奪われる契機となったのである。テレビは力道山のプロレス中継や「月光仮面」などで粗暴な紙芝居的画面を演出し、お上品な紙芝居にソッポを向きだした子どもを惹きつけた。経済復興とともに親の所得は上昇し、子どもはみずからマンガ雑誌やマンガ本を購入できる小づかいを手にするようになった。外に出なくても家で、テレビの子ども番組が紙芝居の手法を活用したアニメーションを提供しはじめた。バラックは壊され、家も広くなった。また受験競争の激化で塾通いが増え、遊ぶ時間が減った。なによりも子どもが安心して集まり、クルマを気にせず紙芝居を楽しめる街角が都会から消えて行った。

こうして紙芝居は幼稚園紙芝居以外は消滅したといってよい。一九四九年には延べ六億の観客を動員した。テレビ出現後の一九五六年に稲庭桂子は二二億五〇〇〇万人の子どもが街頭紙芝居を見ていると計算している（前掲『教育紙芝居』）。なぜこのメディアが消え去ってしまったのか。テレビのマンガ、さらにはアニメの放送が紙芝居と競合し、子どもを紙芝居から奪っていったことはたしかである。それらのアニメはマンガ雑誌の掲載人気作品のテレビ化であった。つまり子どものテレビ人気を支えているアニメが紙芝居の伝統を引き継いでいる点を見逃すわけにはいかない。

絵物語と劇画

戦後の漫画出版物は紙芝居の単行本化、さらには雑誌掲載から出発したといって過言ではない。永松健夫の『黄金バット』は明々社からベストセラーの単行本となった。

一九四七年一二月に集英社の「おもしろブック」シリーズの一冊として出された山川惣治の『少年王者』第一集は、大ヒットして三〇万部以上を売ったといわれるが、これは山川の紙芝居作品から生まれたものである。紙芝居で非常な人気を博していたのを小学館の相賀徹夫が目をつけ、傍系会社の集英社から出版させたのである。第一集のヒットで山川は次々と描き続け、「おもしろブック」の連載にもなって、第一〇集まで出る（清水勲

『「漫画少年」と赤本マンガ』ＺΩＩＯＮ社、一九八九年）。

絵と文章を組み合わせた連続的表現形態の絵物語は紙芝居の直系であった。毎日、翌日の観客動員を図るべく、次回に楽しみを残す起承転結のドラマトゥルギーは、紙芝居に不可欠のものであった。その形態に適合していたのは、単行本よりも雑誌であり、雑誌でも月刊誌よりも週刊誌の方がふさわしかった。したがって紙芝居は雑誌の方により強く継承され、「当時流行していた街頭紙芝居が、おりから復興してきた子ども雑誌にスタイルを変えてスライドしていった。それが絵物語という表現だった」（竹内オサム『戦後マンガ五〇年史』筑摩書房、一九九五年）。しかし絵と文章とを限定した描写には限界があったため、『冒険活劇文庫』などの雑誌は長く続かなかった。

白土三平や水木しげる、小島剛夕らは、街頭紙芝居全盛期に加太こうじらの薫陶を受けた。そして紙芝居が衰退期に入る頃にその手法を身につけ、貸本屋でその実力を発揮する。かれらが紙芝居から継承した劇画手法は、貸本屋に出入りする青年労働者に歓迎された。かれらは幼少年の頃、紙芝居の観客であった。白土らの劇画本は五〇〇〇軒という貸本屋の数だけ売れたという（鶴見俊輔『戦後日本の大衆文化史』岩波書店、一九八四年）。

一九五五年四月五日のNTVの夕方六時の番組は「紙芝居『赤十字の父』」であった（週刊TVガイド編集部『昭和三〇年代のTVガイド』ごま書房、一九八三年）。アニメーションはアメリカからの輸入もので、日本製番組は紙芝居流の静止画中心であった。〝電気紙芝居〟と揶揄されて仕方のない番組やCMが流れていた。だが街頭テレビによってオーディエンスを確保し、広告主にも評価された一九六〇年からのテレビにとって、もはや紙芝居など眼中になかった。なぜならテレビはみずからの周辺に既存のメディアを吸い寄せ、みずからと親和するメディアには存続を許し、みずからと競合せんとするメディアは抹殺するというパワーをもってきたからである。

メディア王としてのテレビ

新聞は紙面にヴィジュアルな要素や、速報よりも解説に力点を置いて、テレビとの競争に生き残りをかけた。それよりもなによりも、テレビ番組欄を新設・拡充させて、テレビ視聴に不可欠な活字メディアとして、共存共栄を図った。一方、ラジオはより細かな階層、地域的番組編成やパーソナル性を強調して、再生を図った。出版界でテレビ時代の申し子となったのは週刊誌であった。テレビ番組情報誌はいうに及ばず、芸能・女性・マンガ・写真などの週刊誌はテレビ的な情報処理やカラー・グラビア重視で新しい市場を開拓し続けた。逆にテレビを当初ライバル視し、協力をこばんだ映画会社の一部は倒産したり、経営危機に追い込まれた。

一九六〇年からの高度経済成長は、メディアことにテレビの発展に支えられた。一九六〇年代の日本経済はテレビという受信機とメディアの発展に特徴づけられるテレビの時代といっても過言ではない。受信機の普及は全産業の発展に寄与するばかりでなく、家電メーカーという最有力の広告主とテレビという人気メディアを育成させ、大衆の欲求を喚起し、それを現実の購買行動に転換させ、大衆消費社会の形成に寄与した。

テレビ時代に成長したメディアは広告メディアとして広告主や広告会社の期待に応えられるものであった。新聞も増ページ分の大半は広告欄であったし、民放のラジオもテレビもその収入のすべてが広告収入であった。週刊誌がセグメント化を達成できたのも、その読者が購買力のある階層として広告主に評価されたためである。メディアはその活動を通じて、読者層・視聴者層という受け手を獲得し、その受け手の購買力を広告主に売ることによって、広告収入をあげることができたのである。

一九六〇年代から七〇年にかけて、白黒テレビからカラーテレビへの転換を巧みに達成できたテレビは、広告の時代を象徴する最有力のメディアであった。テレビの時代＝広告の時代という等式も成り立った。とくに視聴率に集約された大衆視聴者を広告主に高価に販売することを最大の営業目的とし、その目的を達成できた民放テレビは、高度成長に貢献した最大の広告メディアであったことはたしかである。

しかし八〇年代に入ると、テレビにもかげりが生じてきた。視聴時間の減少、視聴率の低下の顕在化は、地上波の民放テレビの経営停滞となってあらわれる。ビデオやＣＡＴＶ、衛星放送などニューメディアの誕生が、テレビの王座を揺るがしかねない状況を生んだのである。

双方向性メディアは復権するか

テレビはハイビジョンやデジタルの技術開発などによって映画レベルに精細度を高め、マクルーハンのいうクールなメディアではなくなった。あらゆる階層のオーディエンスを対象に多彩な番組を放送し、視聴率をかせいできた。しかし日本のテレビは受像機では世界最高レベルに達しているが、番組ではアニメーション以外、世界のソフト業界から無視されている。

紙芝居とジャパニメーション

ジャパニメーションという独自のジャンルの形成に日本のテレビ放送局が寄与していることはたしかである。しかしそのジャパニメーションに対する紙芝居の影響力の強さも見逃すわけにはいかない。初期のジャパニメーションは経済的に採算に乗せるべく、コマ数をできるだけ減らすように工夫してきた。中小プロダクションに生産を委託するアニメーション番組は、安い労働力に依存せざるを得ない。ディズニーのように世界市場でオーディエンスを獲得しているソフトは、映画にできるだけ近い動きのある画面をつくったが、日本のソフトはコマ数を減らさざるをえなかったため、動きが制限された。そのために紙芝居の手法が導入されたのである。一方、紙芝居の衰退とともに路頭に排出された画家・作家は、マンガ本雑誌に入ることのできたごく少数を除き、このアニメーションの世界に仕事を求めた。こうして紙芝居の手法がアニメーションのソフトにつながることとなったのである。それはオーディエンスの参加を求めるクールなメディアであり、視聴者はそのコンテンツに没入できるバーチャル・リアリティが与えられた。つまり、少ない予算が紙芝居とテレビとを結合させるという〝貧困の知恵〟を生んだのである。これはまた、佐藤春夫のいう紙芝居のきりつめた「簡略」「素朴」な手法や伝統がアニメーションに引きつがれ、ジャパニメーションを活性化させているともいえよう。

街頭紙芝居は下町の独自の街角の空間が生んだメディアである。その貧しい空間で貧しい家庭の子どもが貧しい予算でつくられたメディアに接した。しかしそれは演じ手と観客が一体化しやすい双方向性、対面性の構造をもつメディアであった。一体化した両者にとって、紙芝居は一度その味を覚えると捨てられない、心理的・精神的に豊かなメディアとなった。紙芝居屋は子どもを喜ばせる工夫をした。かれらには戦後に見られた演じ手よりも下町のオーラを愛する下町出身者が多かった。子どもはおじさんのパーソナリティと同一化し、遊び仲間たちとおじさんの到来を毎日待っていた。手づくりの作品を楽しみ、おじさんの演技がすばらしければ、拍手を送る。おじさんも子どもの反応に敏感に対応するパフォーマンスを行う。そして終了後、子どもはその日の感激を仲間と共有しつつ、明日以降の展開を語り合った。紙芝居はかれらを心情的に結びつける共感のメディアだったのである。観客と演者、観客と観客が、うらさびしい都市の空間を紙芝居の熱狂的な演劇的空間に変えた。メディアのもつ場は、街頭紙芝居と教育紙芝居とでは異質であり、後者は前者から屋外性を奪った。しかし、屋外性は奪ったものの、表現形式が基本的に同一であったため、プロパガンダ、あるいは教育のメディアとして共感をかちえ、大きな影響力をもつことができた。だからこそ戦中は軍部・政府が利用し、戦後においてはＧＨＱと左翼陣営との間の緊張を高めるまでにいたったのである。

その後登場したテレビは教育紙芝居よりもいっそう、屋内空間メディアとして発展した。街頭テレビで視聴者を獲得してからは、家庭でのテレビの普及に全力をあげた。家庭にテレビを持たない子どもが、購入した家を集団でまわる現象が当初見られた。これは紙芝居視聴仲間の小集団的屋内移動行為であったとでもいえよう。しかしこの現象も受信機の一般家庭への普及とともに消え去った。つまり小集団的オーディエンス、とくに屋外でのそれはあらゆるメディアにおいて、街頭紙芝居を最後に消滅したといえるのである。

テレビのオーディエンスの反応は視聴率の形で計測される。新測定技術の開発によって翌日に結果が判明するため、現今のテレビのプロデューサーやタレントは視聴率の数字に一喜一憂する毎日といわれる。けれども、子どもの街頭紙芝居への反応は、テレビ・オーディエンスに比べてよりシビアであった。なけなしの小づかいをはたく以上、最高の楽しみを求めたからである。演じ手と観客の一体的共感はそのサービスがすぐれているときにのみ発生した。つまらぬ作品や前に演じた作品をもってきたり、演芸が下手だったり、熱がこもらない、といった手抜きを行う紙芝居屋は、すぐに明日の収入に差し支えるきびし

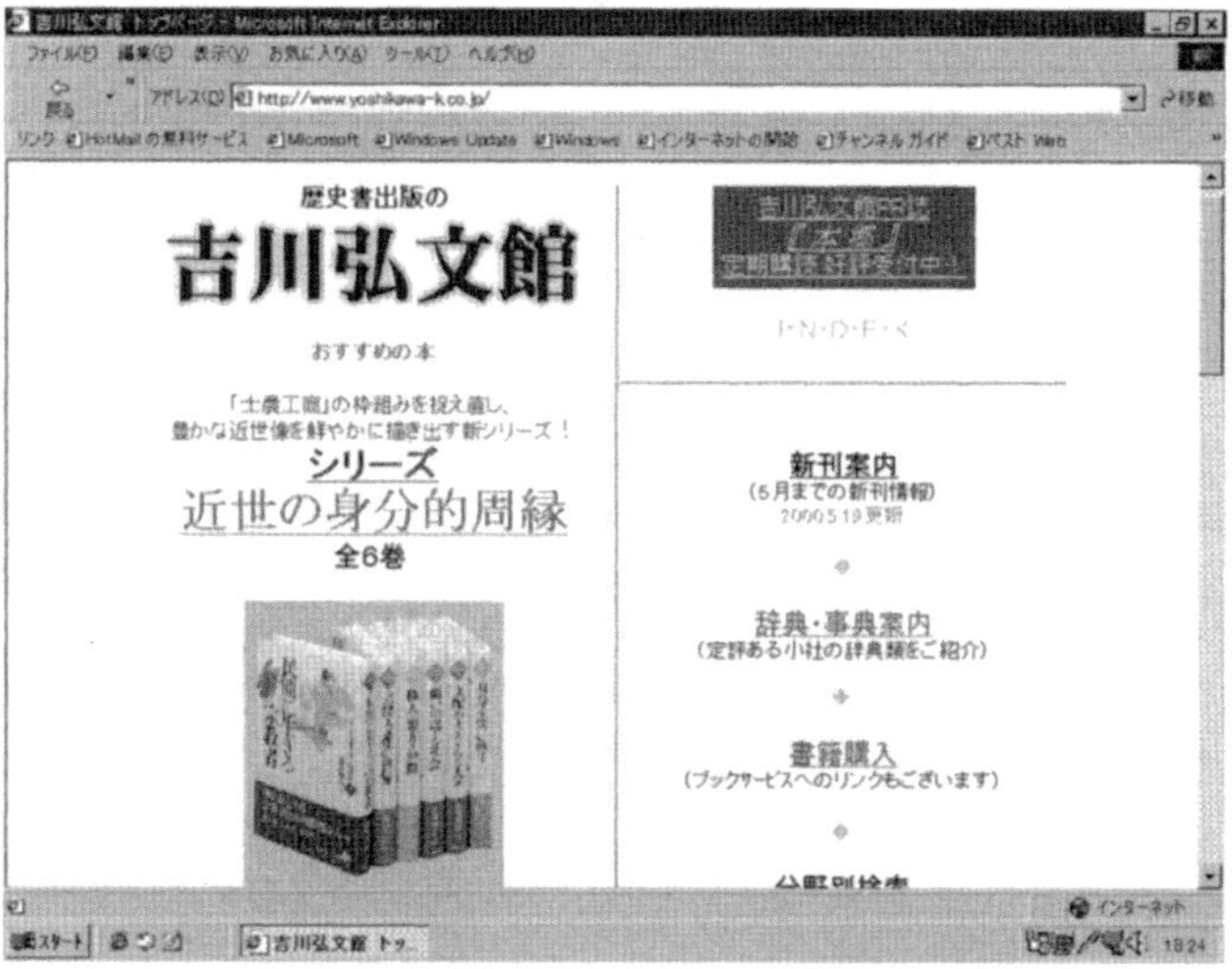

図13　インターネット（ホームページ）

現在，爆発的に普及しつつあるインターネット．携帯電話とともに，現代の新しい双方向性メディアを象徴するものとなっている．

いしっぺ返しを受けた。それは、今日の民放テレビ業界以上に、〝毎日が勝負〟の世界であった。この紙芝居業界の伝統もアニメーションづくりに生かされたのである。

さらに、テレビは家庭内でも、家族集団視聴から家族一人に一台という個人視聴への形態、つまりカプセル的視聴に変わっている。しかし送り手から受け手一人一人へのあまりにも一方的な情報の流れと孤独な視聴形態は、オーディエンスの孤独感を深めることとなった。そのアンチテーゼとしてインターネットや携帯電話といった最近のニューメディアの普及があるといえよう。これらのメディアは双方向性に強味を発揮している。紙芝居を消滅させ、双方向性というメディアの機能をオーディエンスから忘れ去らせたテレビが、小集団的連帯を求めるオーディエンスから見離され、視聴時間は短くなり、視聴率も低下している。そして二一世紀初期の多様なデジタルのニューメディアから脅威をうけている。これはおごりたかぶったメディア王テレビへの紙芝居の逆襲といえなくもないかもしれない。

コンビニと紙芝居

スーパーマーケットの登場は街角の小商店や駄菓子屋を倒産に追いやった。買い物から井戸端会議のようなコミュニケーションが消え、レジの売り子とのマニュアル的会話のみとなった。ところが、近年のコンビニエンスストアの隆盛は、街に買い物の場を回帰させている。主婦の地域コミュニケーションがかまびすしく交換される時代が戻るかもしれない。駄菓子屋における子どものにぎやかな声が復活する場になるかもしれない。ともかくコミュニティに限りなく近づいたコンビニなる小商店の空間が、スーパーの経営に脅威を与えているのはたしかである。

同様に、テレビは街頭から紙芝居を消滅させた。マイナーな双方向性・対面性のメディアが、マスの一方向性のメディアの台頭のなかで姿を消した。しかし、双方向のメディアをもとめるのは人間の本性である。コンビニの店内や駐車場の周辺に、新たなミニメディアが出現する日も近い。それはカラオケかもしれない。いやゲームセンターかもしれぬ。それとも小劇場かもしれない。そして、そんな選択肢のなかに紙芝居が再び姿を現しても、なんら不思議ではないミレニアムの現在である。

主要参考文献

アメリカ国立公文書館所蔵日本占領期関係資料

ＧＨＱはGeneral Headquaters 総司令部

ＣＩＳはCivil Intelligence Section 民間諜報局

ＣＩＥはCivil Information & Education 民間情報教育局

ＣＣＤはCivil Censorship Detachment 民間検閲部

Ｇ―２はGeneral Staff-2 参謀第二部

ＰＰＢはPress, Pictorial and Broadcasting Division プレス・映画・放送課

の略号である。なお本文五ページのCIS-771とは国立国会図書館所蔵の占領期関係資料の民間諜報局の分類番号である。その他の引用資料の表記もこれに準じる。

国立国会図書館所蔵日本占領期関係マイクロ資料

今井よね『紙芝居の実際』（基督教出版社、一九三四年）

内山憲尚『紙芝居精義』（東洋図書株式会社、一九三九年）

教育紙芝居研究会編『教育紙芝居』（新評論社、一九五六年）

加太こうじ『紙芝居昭和史』（立風書房、一九七一年）

子どもの文化研究所・堀尾青史・稲庭桂子編『紙芝居―創造と教育性』（童心社、一九七二年）

桜本富雄・今井敏彦『紙芝居と戦争』（マルジュ社、一九八五年）
浅井清二著刊『紙芝居屋さんどこ行った』（一九八九年）
財団法人大阪国際児童文学館編刊『所蔵紙芝居目録』（一九九〇年）
朝日新聞社編刊『戦中戦後紙芝居集成』（アサヒグラフ別冊、一九九五年）
山本武利『占領期メディア分析』（法政大学出版局、一九九六年）
上地ちづ子『紙芝居の歴史』（久山社、一九九七年）

あとがき

私の小学生時代の占領期は空前の紙芝居ブームにあったが、故郷の四国の山村には紙芝居屋が姿を見せなかった。六キロほどの山道を降りた八幡浜市には、紙芝居はかなり人気があったようだ。ときたま市内を訪ねた際、神社の境内や路地での実演を遠くからのぞき見した記憶がある。アメをなめつつ、画面に見入る同い年の子どもをうらやましく思った。しかし接触回数は少なかったし、連続して見ることもなかった。したがって特定の実演やストーリーにたいする思い出はない。

その私が本書をまとめることになったのは、一〇年ほど前に国立国会図書館でＧＨＱによる紙芝居の検閲や分析のマイクロ資料にぶつかったからである。当時、私は民間諜報局の民間検閲部（ＣＣＤ）、メディア指導、世論誘導の民間情報教育局（ＣＩＥ）の資料に当たって各メディア分析を志していたが、紙芝居の資料は比較的整理されてあった。またCCDの担当将校が、街頭での紙芝居人気に驚き、戸惑った記述に興味が惹かれた。そしてかれらのこのメディアとの出会いの新鮮さと、その子どもの心を捉えて離さぬ人気の深さがこれらの資料群を生んだことがわかった。

私はその後、紙芝居に関する小論を検閲資料中心にまとめた。そして「歴史文化ライブラリー」シリーズに着手した吉川弘文館から一冊にまとめないかとの誘いを受けた。ところが二年間、アメリカで研究する機会を得たため、原稿の執筆が遅れてしまった。編集部からアメリカの滞在先に催促があったが、資料の大部分を日本に残してきたため、本書に手を付けられなかった。その代わりの本がまとまらないかとの要望があったので、当時資料収集に注力していた第二次大戦の悲劇の日本軍インパール作戦を、諜報・宣伝的側面から『特務機関の謀略――諜報とインパール作戦――』（一九九八年）にまとめた。

したがって、本書は私にとって「歴史文化ライブラリー」の二冊目の本になる。刊行は大幅に遅れてしまったが、小論執筆後、日本やアメリカ国立公文書館などで収集した資料や文献を本書に駆使することができた。また紙芝居と初期テレビを街頭のメディアから捉えるなどやや広い視点からのアプローチを試みることができた。

巻末に掲げた文献は本書で使用したもののごく一部である。とくにGHQの無名の筆者が残したかなり膨大なリポートや検閲資料に本書は依拠している。また街頭紙芝居の加太こうじ氏、教育紙芝居の稲庭佳子氏（いずれも故人）をはじめとした業界関係者の著書や作品を数多く参照させてもらった。そしてこれらを所蔵・公開する内外の各機関を訪ね、利用させていただいた。

こうして収集した資料が膨大になったため、それらを読み込むのに時間を食った。一つの本としてまとめるのにも苦労した。それにもかかわらず待たれた上、適切な内容上の助言をいただいた吉川弘文館に感謝したい。

二〇〇〇年六月一五日

山本武利

著者紹介
一九四〇年、愛媛県に生まれる
一九六九年、一橋大学大学院社会学研究科博士課程終了
現在、一橋大学大学院教授
主要著書
新聞と民衆　近代日本の新聞読者層　広告の社会史　新聞記者の誕生　占領期メディア分析　特務機関の謀略

歴史文化ライブラリー
103

紙芝居
街角のメディア

二〇〇〇年(平成十二)十月一日　第一刷発行

著　者　山《やま》本《もと》武《たけ》利《とし》

発行者　林　英　男

発行所　株式会社　吉川弘文館
東京都文京区本郷七丁目二番八号
郵便番号一一三―〇〇三三
電話〇三―三八一三―九一五一〈代表〉
振替口座〇〇一〇〇―五―二四四

印刷＝平文社　製本＝ナショナル製本
装幀＝山崎　登

歴史文化ライブラリー

1996.10

刊行のことば

現今の日本および国際社会は、さまざまな面で大変動の時代を迎えておりますが、近づきつつある二十一世紀は人類史の到達点として、物質的な繁栄のみならず文化や自然・社会環境を謳歌できる平和な社会でなければなりません。しかしながら高度成長・技術革新にともなう急激な変貌は「自己本位な刹那主義」の風潮を生みだし、先人が築いてきた歴史や文化に学ぶ余裕もなく、いまだ明るい人類の将来が展望できていないようにも見えます。

このような状況を踏まえ、よりよい二十一世紀社会を築くために、人類誕生から現在に至る「人類の遺産・教訓」としてのあらゆる分野の歴史と文化を「歴史文化ライブラリー」として刊行することといたしました。

小社は、安政四年(一八五七)の創業以来、一貫して歴史学を中心とした専門出版社として書籍を刊行しつづけてまいりました。その経験を生かし、学問成果にもとづいた本叢書を刊行し社会的要請に応えて行きたいと考えております。

現代は、マスメディアが発達した高度情報化社会といわれますが、私どもはあくまでも活字を主体とした出版こそ、ものの本質を考える基礎と信じ、本叢書をとおして社会に訴えてまいりたいと思います。これから生まれでる一冊一冊が、それぞれの読者を知的冒険の旅へと誘い、希望に満ちた人類の未来を構築する糧となれば幸いです。

吉川弘文館

〈オンデマンド版〉
紙　芝　居
街角のメディア

On Demand
歴史文化ライブラリー
103

2017年（平成29）10月1日　発行

著　者　山《やま》本《もと》武《たけ》利《とし》
発行者　吉　川　道　郎
発行所　株式会社　吉川弘文館
〒113-0033　東京都文京区本郷7丁目2番8号
TEL　03-3813-9151〈代表〉
URL　http://www.yoshikawa-k.co.jp/

印刷・製本　大日本印刷株式会社
装　幀　清水良洋・宮崎萌美

山本武利（1940～）

ISBN978-4-642-75503-0